Wolodymyr Selenskyj
Botschaft aus der Ukraine

Wolodymyr Selenskyj

Botschaft aus der Ukraine

Aus dem Englischen von
Christiane Bernhardt und Gisela Fichtl

Siedler

Die Originalausgabe erschien 2022
unter dem Titel *A Message From Ukraine*
bei Hutchinson Heinemann.

Die hier abgedruckten Reden wurden für dieses Buch gekürzt
und überarbeitet.

Penguin Random House Verlagsgruppe FSC® N001967

1. Auflage
Copyright © 2022 Wolodymyr Selenskyj
Copyright © der deutschsprachigen Ausgabe 2022
Siedler Verlag, München, in der
Penguin Random House Verlagsgruppe GmbH,
Neumarkter Straße 28, 81673 München

Redaktion: Brigitte Wormer
Umschlaggestaltung: Büro Jorge Schmidt
Satz: GGP Media GmbH, Pößneck
Druck und Bindung: Friedrich Pustet KG, Regensburg
Printed in Germany
ISBN 978-3-8275-0173-8
www.siedler-verlag.de

Inhalt

Vorwort: **Wir sind hier** 9
Von Arkady Ostrovsky

Einleitung: **Die Zeit zurückdrehen** 23

Teil I
Unsere Werte

1 »Jeder von uns ist Präsident« 37
Antrittsrede vor dem ukrainischen Parlament
Kiew, 20. Mai 2019

2 »Ein Krieg von anderen« 41
Rede vor der UN-Vollversammlung
New York, 25. September 2019

3 »Das Gegenteil von Liebe« 49
Rede vor dem United States Holocaust
Memorial Museum
Washington, D. C., 1. September 2021

4 »Unbezwingbar« 57
Ansprache am Tag der Würde und Freiheit
Kiew, 21. November 2021

Teil II
Unser Kampf

5 »Die Lehren der Geschichte«   67
Rede vor der Münchner Sicherheitskonferenz
19. Februar 2022

6 »Möchten die Russen Krieg?«   75
Ansprache an das ukrainische und
russische Volk
Kiew, 24. Februar 2022, 0.30 Uhr

7 »Wir sind die Ukraine«   83
Ansprache an das ukrainische Volk
Kiew, 24. Februar 2022, 6.00 Uhr

8 »Ein Krieg gegen Europa«   85
Ansprache an die Menschen Europas
Kiew, 25. Februar 2022

Teil III
Unsere Stimme

9 »Die Ukraine strebte nicht nach Größe.
Und doch wurde sie groß.«   95
Rede vor dem britischen Parlament
London (per Videoschaltung), 8. März 2022

10 »In den Frieden führen«   101
Rede vor dem US-Kongress
Washington, D. C., (per Videoschaltung),
16. März 2022

11 »Reißen Sie diese Mauer nieder!« 105
Ansprache im Deutschen Bundestag
Berlin (per Videoschaltung), 17. März 2022

12 »Gleichgültigkeit tötet« 111
Rede vor der israelischen Knesset
Jerusalem (per Videoschaltung),
20. März 2022

Teil IV
Unsere Nation

13 »Wie konnte es so weit kommen?« 123
Ansprache an das ukrainische Volk
Kiew, 3. April 2022

14 »Gott schütze die Ukraine« 131
Osteransprache
Kiew, 24. April 2022

15 »Nie wieder?« 137
Ansprache zum ukrainischen Tag
des Gedenkens und der Versöhnung
Borodjanka, 8. Mai 2022

16 »Ein freies Volk« 147
Rede zum ukrainischen Unabhängigkeitstag
Kiew, 24. August 2022

Quellen für zitierte Literatur 157

Wir sind hier

Wolodymyr Selenskyjs wichtigste Ansprache war zugleich seine kürzeste. Sie dauerte etwa zweiunddreißig Sekunden und wurde achtunddreißig Stunden nach Beginn von Russlands völkerrechtswidrigem Vernichtungskrieg gegen sein Land gehalten. In Tarngrün gekleidet, filmte sich Selenskyj vor einem Regierungsgebäude mit seinem Smartphone. Im Hintergrund standen Mitglieder seines Führungsstabs. »Guten Abend allerseits«, sagte er. »Wir sind alle hier. Unsere Soldaten sind hier. Die Bürger sind hier. Wir alle sind hier und verteidigen unsere Unabhängigkeit. Und so wird es bleiben.«

Als das Video am Abend des 25. Februar in den sozialen Medien auftauchte, hatte die Ukraine seit mehr als einem Tag unter unerbittlichem Beschuss gestanden, russische Fallschirmjäger stürmten einen Militärflughafen in Kiew, Kommandotrupps machten Jagd auf

Selenskyj, und Menschen flohen aus ihren Häusern. Es kursierten Gerüchte – von russischen Behörden gestreut –, Selenskyj habe das Land verlassen, und seine Regierung sei zusammengebrochen. Das halbminütige Video bewies das Gegenteil.

In den Stunden, Tagen und Monaten, die folgten, sollte Selenskyj sich über hundert Mal an sein Land, das russische Volk und die Welt wenden. In den ersten zweihundert Kriegstagen hielt er einundachtzig Reden vor ausländischem Publikum und richtete sogar noch mehr an sein eigenes Volk. Seine Reden zogen Vergleiche mit Churchill nach sich, und sein tarngrünes T-Shirt wurde weltweit zum Symbol. Die ukrainische Flagge wehte im gesamten Westen über Regierungsgebäuden und Privathäusern; das Brandenburger Tor und der Eiffelturm wurden gelb-blau beleuchtet.

Doch es war dieses kurze Video, das die größte Wirkung auf den Verlauf des Krieges hatte. Es war der Beweis, dass Putins Plan für einen Blitzsieg nicht aufging; dass er tatsächlich sogar bereits gescheitert war. Selenskyj lief nicht weg, die Hauptstadt der Ukraine fiel nicht in die Hände Putins, und die Menschen im russischsprachigen Osten des Landes hießen seine Truppen nicht mit Blumen willkommen. Selenskyj war »tut«: »hier«, an seinem Platz, und meldete sich zum Dienst. Genau wie sein Land.

Als Kriegsherr schien der Präsident eher unpassend. Diese Rolle hatte er sich weder ausgesucht, noch hatte er sich darauf vorbereitet: In den Wochen vor der Invasion spielte er deren Wahrscheinlichkeit sogar herunter. Doch als ihm die amerikanische Regierung wenige Stunden nach Putins Einmarsch ein Evakuierungsangebot machte, war seine Antwort unmissverständlich: »Ich brauche Munition, keine Mitfahrgelegenheit.« Seine Worte wurden augenblicklich zum Meme ebenso wie die eines ukrainischen Soldaten auf der Schlangeninsel im Schwarzen Meer, der auf die Aufforderung zur Kapitulation eines russischen Kriegsschiffs sinngemäß antwortete: »Russisches Kriegsschiff, fick dich.«

Selenskyjs unverfälschte Rhetorik hob den starken Gegensatz zwischen den sich bekriegenden Herrschaftsformen hervor. Das kurze warme Wort »tut«, das er in jener halben Minute seines ersten Videos ganze neun Mal wiederholt, hatte etwas von einer Besänftigung, mit der Eltern ihr ängstliches Kind beruhigen, wenn ihr Haus angegriffen wird. Auch Selenskyjs Einsatz von Technologie war von Bedeutung. War Putin ein selbstverblendeter Diktator, der aus dem Schutz der Kremlmauern zu seinen Untergebenen sprach, so stand Selenskyj an der Seite seines Volkes. Seine Selfie-Videos, die er im Internet postete, zeigten ihn als Jedermann, als wesentlichen Bestandteil des Sozialgefüges der Ukraine.

Im Februar 2022 war Selenskyj noch nicht einmal drei Jahre im Amt. Wähler lernten ihn zuerst als Wassyl Holoborodko kennen, einen Geschichtslehrer und Mann klarer Worte, der auf wundersame Weise in das Amt des Präsidenten katapultiert wird und es mit dem gesamten politischen System der Ukraine aufnimmt – die Rolle, die Selenskyj in der satirischen Fernsehserie *Diener des Volkes* spielte. Nach dem Beginn seines Präsidentschaftswahlkampfs 2018 erwies sich Selenskyjs Hintergrund als Schauspieler und Produzent als erfolgsentscheidend. Er verstand es, seinem Publikum den Spiegel vorzuhalten, und die Wähler erkannten sich in ihm wieder. Er sprach nicht nur zu den Ukrainerinnen und Ukrainern, er las von ihren Lippen ab und artikulierte ihre Gefühle.

Auf einmal war diese Fähigkeit wichtiger denn je. Die Ukraine war schon lange ein Volk, ein Ort und, nach dem Zusammenbruch der Sowjetunion 1991, ein Staat. Jetzt entwickelte sie sich auch zur politischen Nation: eine, die weder durch ihre Sprache oder Ethnizität definiert wurde noch durch ihre frühere Geschichte oder ihren Glauben, sondern durch ihre Werte, ihren Lebensstil und die Bereitschaft ihres Volkes, für sie zu sterben. Früher hatte Selenskyj bei der ukrainischen Synchronisation der Filme *Paddington* und *Paddington 2* dem gleichnamigen Bär seine Stimme geliehen. Jetzt lieh er sie den Menschen der Ukraine.

Die Geburtsstätte der Nation war der Maidan Nesaleschnosti in Kiew, der Platz der Unabhängigkeit, auf dem die Ukrainer im Zuge mehrerer revolutionärer Aufstände zusammengekommen waren, um über ihre Zukunft zu entscheiden. Im Jahr 2014 versammelten sie sich dort, um ihrer Zugehörigkeit zu Europa Ausdruck zu verleihen und Wiktor Janukowytsch abzusetzen, einen von Moskau unterstützten Verbrecher, der versuchte, ihnen dieses Recht zu verwehren. Die Revolution endete in Gewalt. Janukowytsch floh, und Russland annektierte das ukrainische Staatsgebiet der Krim und begann einen Krieg im Osten des Landes.

Selenskyj war 2014 nicht auf dem Maidan und beteiligte sich nicht an den Aufständen, die heute als »Revolution der Würde« bekannt sind, auch wenn er Janukowytsch dazu aufrief zurückzutreten. Es war nicht so, dass er den Forderungen der Protestierenden nicht zugestimmt hätte; vielmehr trieben ihn weder Nationalismus noch Ideologie an, und Revolutionen waren einfach nicht seine »Art«. Als erfolgreicher Fernsehproduzent hatte er ein gutes Gespür für sein Publikum – ein bisschen zynisch, selbstbewusst, konformistisch, aber zugleich äußerst bodenständig. Selbst während der Revolution blieb ein Großteil seines Publikums zu Hause und sah sich seine Sitcoms an.

Doch auch wenn Selenskyj nicht beim Maidan-Aufstand mitwirkte, war seine politische Laufbahn eine Reaktion auf dessen gebrochene Versprechen. Wie ein Großteil des Landes zuckte auch er innerlich zusammen, wenn Politiker hochtrabend daherredeten, zugleich aber ihre Schäfchen ins Trockene brachten, und war empört, als sich die alten Eliten neu formierten und unter anderer Flagge in ihre alten Bahnen zurückkehrten. Doch obgleich das Establishment fortfuhr wie gehabt, veränderte sich das Land; seine Zivilgesellschaft wuchs und war nicht länger bereit weiterzumachen, als wäre nichts geschehen. Im Jahr 2019 straften die Ukrainer die korrupte postsowjetische Elite ab, indem sie Holoborodko alias Selenskyj zum Präsidenten wählten.

Die Vorstellung eines Außenseiters, der in das oligarchisch regierte System einbricht, in dem alles mit Geld entschieden wird – und in dem der Besitz eines Fernsehsenders, einer Bank und einer kleinen Privatarmee üblicherweise Voraussetzung für politische Macht war –, schien beinahe ebenso unglaublich wie die Geschichte Holoborodkos. Doch die Ukrainer haben eine Vorliebe für Unglaubliches. Landesweit stimmten drei Viertel aller Wahlberechtigten für den proukrainischen, Russisch sprechenden Kandidaten aus einer jüdischen Familie in der Ostukraine. Nie zuvor hatte die Wahlkarte der Ukraine derart einheitlich ausgesehen.

Ein paar Liberale in der Ukraine und Ukraine-Beobachter im Westen standen Selenskyjs Sieg skeptisch gegenüber. Sie äußerten Bedenken hinsichtlich seines vagen Wahlprogramms und der mangelnden Professionalität seines Teams. Doch was Selenskyj an politischer Erfahrung fehlte, glich er durch seinen Humor, seine Chuzpe und sein Kommunikationsgeschick aus – eine ganze Reihe von Ressourcen, die unverzichtbar waren im postsowjetischen Krywyj Rih, der rauen Industriestadt in der südlichen Ukraine, in der Selenskyj aufgewachsen war. In ihrem Präsidenten kam die Ukraine nicht als romantische Idee zum Ausdruck, sondern als Realität: manchmal unzulänglich und zum Verzweifeln, aber auch großzügig und unkonventionell.

Auch seine Herangehensweise an die Politik war im Gegensatz zu der seiner Vorgänger unkonventionell. Er spielte nicht die regionalen und sprachlichen Unterschiede gegeneinander aus, wie es so viele Politiker vor ihm getan hatten. Er konzentrierte sich auf das, was die Menschen verband, nicht, was sie trennte. Und was sie verband, waren ihr Erfindungsreichtum, ihr Wunsch nach einem normalen Leben sowie ihre Ablehnung des Staates und der alten Eliten. Wenn das Populismus war, dann war Selenskyj Populist.

Ich traf Präsident Selenskyj zum ersten Mal im Juni 2021. In einem weitläufigen Empfangszimmer des Präsidialamts, das 1936 – zur Zeit von Stalins Großem Terror – als Hauptquartier des Kiewer Militärbezirks gebaut worden war, interviewte ich ihn für den *Economist*. Während des Zweiten Weltkriegs hatte das Gebäude als Kommandozentrale der Nationalsozialisten gedient und später als Hauptbüro des Zentralkomitees der kommunistischen Partei der Ukraine. Es nimmt einen ganzen Häuserblock im Zentrum Kiews ein und ist Ausdruck des Regimes Stalins und der Macht des Staates über das Individuum.

Selenskyj sah darin ziemlich fehl am Platz aus. »Ich fühle mich hier noch immer nicht wohl«, erzählte er mir. Die Architektur war die Antithese zur Vorstellung der Ukraine als eines dezentralisierten, nicht hierarchischen, demokratischen Landes. Seine Aufrichtigkeit überraschte mich, sein Wunsch, die Ukraine zu transformieren, und seine Planlosigkeit, wie er das anstellen sollte.

Es fiel mir schwer, einen Aufhänger für meinen Artikel zu finden. »In meinem Drang, Veränderungen herbeizuführen, war ich unüberlegt, bin aber auch nicht der Typ Mensch, der von vornherein mit einer Exit-Strategie loslegt«, war eines seiner besten Zitate. Er schien hoffnungslos überfordert bei seinem Versuch, es mit einem System aufzunehmen, das ihn höchstwahrscheinlich vernichten würde. Ich hätte ihn mir nur schwer als Kriegsherrn vorstellen können.

Als ich den Präsidenten das nächste Mal sah, diente das Gebäude wieder seinem ursprünglichen Zweck: als militärisches Hauptquartier. Es war Ende März 2022, und meine Chefredakteurin Zanny Minton Beddoes und ich waren mit dem Zug nach Kiew gereist. Ich war zum ersten Mal seit Beginn des Krieges in der Ukraine, und was wir sahen, erinnerte an einen Zweite-Weltkriegs-Film. Städte unter Ausgangssperre und gedimmte Zugbeleuchtung, um unentdeckt zu bleiben. Die gespenstische Stille in der Lwiwer U-Bahn-Station, die voll war von Menschen auf der Flucht vor dem Krieg: Frauen mit eingefallenen Augen, zu erschöpft, um zu reden; verstummte Kinder, zu erschöpft, um zu weinen. Die Geräusche und Anblicke eines aus den Fugen geratenen Lebens – heulende Luftschutzsirenen, Panzersperren, die verwaiste Straßen säumten, die russischen Streitkräfte nach wie vor am Stadtrand von Kiew.

»Willkommen in unserer Festung«, begrüßten uns bewaffnete Männer, als wir durch das Tor des Gebäudes gingen, das inzwischen durch Sandsäcke verstärkt wurde.

Selenskyj wirkte nicht mehr fehl am Platz, als er aus dem Luftschutzbunker ans Tageslicht trat, den die Sowjets für den Fall eines Luftangriffs gegraben hatten und der so tief ist, dass er einer Atombombe standhalten könnte. Dennoch, von Churchill hatte er nichts an sich. Die Ungeheuerlichkeit der Ereignisse, die sich um ihn herum entfalteten, schloss jegliche Möglichkeit aus, eine Rolle zu spielen. Er sprach nicht wie ein Oberbefehlshaber, sondern wie ein gewöhnlicher Mensch, der in außergewöhnliche Umstände geworfen wurde. Er war außerdem bestimmt um zehn Jahre gealtert und hatte sich einen Bart stehen lassen.

Politiker hören den Fragen eines Interviewpartners selten zu; meist warten sie einfach nur darauf, dass man aufhört zu reden, und liefern dann eine einstudierte Botschaft. Selenskyj war anders: Er hörte zu, er dachte nach, und er brachte sich in eine Unterhaltung ein, die in drei verschiedenen Sprachen geführt wurde. »Wir sind keine Helden. Wir machen unseren Job, und wir sind, wo wir sind«, sagte er. Es war offensichtlich, dass er keine Armee befehligte – das taten die Generäle, und er war so klug, sich nicht einzumischen. Er verzichtete auch darauf, Bürgermeister und Stadtgemeinden zu gängeln – sie waren näher am Geschehen und wussten am besten, was zu tun war. Alle in der Ukraine taten, worin sie am besten waren, und Selenskyj war keine Ausnahme: Er kommunizierte mit den Ukrainerinnen und Ukrainern, setzte sich bei Regierungen und in der Wirtschaft für Waffenlieferungen ein. Wir befanden uns in einer Nation freiwilliger Helfer, und Selenskyj war ihr Oberfreiwilliger.

In seinen Reden vor den Parlamenten und Versammlungen auf der ganzen Welt richtete sich Selenskyj nicht nur – ja, nicht einmal primär – an Politiker; er richtete sich an die Menschen, die sie gewählt hatten. Große proukrainische Demonstrationszüge in Berlin, Paris und London drängten, aufgerüttelt durch seine Ansprachen, die Regierungen, in ihrer Unterstützung der Ukraine weiter zu gehen, als je jemand für möglich gehalten hätte. Vielleicht fanden die Reden deshalb so starken Widerhall, weil Selenskyj eine Botschaft von solch großer moralischer Klarheit und Kraft übermittelte, dass nur wenige gleichgültig blieben. Seine Worte transportierten etwas, wonach Menschen im Westen – vor allem die der jüngeren Generation – gedürstet hatten: ein Gefühl der Sinnhaftigkeit in einer postideologischen Gesellschaft, in der Freiheit längst zur Selbstverständlichkeit geworden war. Seit dem Fall der Berliner Mauer, dem sogenannten Ende der Geschichte, hatte die Welt keine Worte von solcher Wirkungskraft gehört.

Wladimir Putins genozidaler Krieg gegen die Identität der Ukraine, ihre Kultur und ihre Bewohner gemahnte daran, dass die Geschichte keineswegs vorbei und der Faschismus – ihr größtes Übel – keineswegs tot war. Doch wenn Putin diesen Krieg angezettelt hatte, war es Selenskyj, der ihn erzählte. Wie im Deutschen wird weder im Ukrainischen noch im Russischen zwischen dem Wort »Geschichte« im Sinn historischer Ereignisse und dem Wort »Geschichte« im Sinn einer Erzählung unterschieden, und Selenskyj lässt in seinen Reden beide Bedeutungen anklingen: die Geschichten gewöhnlicher Menschen und ein Narrativ des mörderischsten Konflikts in Europa seit dem Ende des Zweiten Weltkriegs.

Die Reden, die Selenskyj für das vorliegende Buch ausgewählt hat, stellen einen weiteren Versuch dar, ebenjene Geschichte wiederzugeben. Als der Winter in den Frühling überging, änderten sich ihre Verweise und Beispiele, doch Selenskyjs Botschaft blieb dieselbe. Der Krieg, der in der Ukraine ausgetragen wurde, war keine regionale Auseinandersetzung um Gebiete oder ein Kampf um geopolitische Dominanz. Es war ein Krieg zwischen einem korrupten Nuklearstaat und Menschen, die sich nichts sehnlicher wünschten, als friedlich und auf ihre Weise in ihrem Land zu leben. Es war ein Krieg zwischen Empathie und Hass, zwischen Würde und Versklavung und letztlich zwischen Leben und Tod. Der Krieg gegen die Ukraine, argumentierte Selenskyj, sei ein Krieg, der allen gelte.

Zu Beginn von Putins Krieg, beim Vormarsch in Richtung Hauptstadt, packten die russischen Streitkräfte angeblich ihre Paradeuniformen ein; die Soldaten erwarteten, dass man sie mit offenen Armen willkommen heißen und sie innerhalb weniger Tage feierlich durch Kiew marschieren würden. Sechs Monate später, am Unabhängigkeitstag der Ukraine, befanden sich tatsächlich Panzer im Zentrum von Kiew: ausgebrannt und übel zugerichtet. Die Zurschaustellung des zerstörten russischen Kriegsgeräts machte den Widerstandswillen der Ukrainer deutlich, ganz zu schweigen von ihrem Sinn für Humor. Und Selenskyjs Rede an jenem Tag – dem 24. August – markierte einen Wendepunkt. Die Ukraine wolle nicht länger Frieden mit Russland schließen, sagte er. Sie wolle den Sieg.

Während ich diese Zeilen verfasse, scheint dieser Sieg wahrscheinlicher denn je. In den Wochen nach dem 24. August setzte die Ukraine zu einer spektakulären Offensive an und befreite innerhalb weniger Tage mehr Gebiete, als Russland in den vergangenen fünf Monaten eingenommen hatte. Ein verzweifelter und gekränkter Putin holte daraufhin zum Schlag gegen die zivile Infrastruktur der Ukraine aus und drohte mit einem Nuklearangriff. Selenskyj reagierte mit einem Post in den sozialen Medien: »Hör genau zu: Ohne Gas oder ohne dich? Ohne dich. Ohne Licht oder ohne dich? Ohne dich. Ohne Wasser oder ohne dich? Ohne dich. Ohne Nahrung oder ohne dich? Ohne dich.«

Die rhetorische Kraft von Selenskyjs Ansage verdankte sich einer Eigenschaft, die so viele seiner Reden auszeichnet: der Wahrheit. Sie verlieh Selenskyj die einzigartige Macht, das Bild zu formen, das die Welt von der Ukraine hat.

Niemand weiß, wie lange der Krieg dauern oder wie er enden wird, noch, was für ein Präsident Selenskyj sein wird, wenn die Kämpfe vorbei sind. Eines aber scheint gewiss: Sollte es wirklich Putins Ziel gewesen sein, die Ukraine, ihre Eigenstaatlichkeit und Identität zu vernichten, hat er am Tag eins der Invasion verloren. Wie Selenskyj es bereits in seinem ersten Video ausdrückte, ist die Ukraine »tut«. Gekommen, um zu bleiben.

Arkady Ostrovsky
Oktober 2022

Arkady Ostrovsky ist ein preisgekrönter britischer Autor und Journalist. Für den *Economist* berichtet er über Russland und Osteuropa.

Die Zeit zurückdrehen

Ich wäre der glücklichste Mensch der Welt, wäre das Buch, das Sie in Händen halten, nie veröffentlicht worden. Wären meine Ansprachen nach dem 24. Februar 2022 nie geschrieben oder gehalten und wären meine Reden nach der Invasion nie gehört oder gelesen worden.

Ich weiß, dass ich meine Einleitung unvermittelt beginne. Für die allermeisten Bücher wäre es zu viel. Dieses Buch ist die Ausnahme. Ich schreibe diese Worte weder um Aufmerksamkeit zu erregen noch im eitlen Versuch, Ruhm zu erwerben. Der Grund, der Ihre Aufmerksamkeit erfordert, ist viel zu schmerzvoll, der Preis für jeglichen »Ruhm« viel zu hoch. Es ist der Krieg, der gegen die Ukraine entfesselt wurde. Die Tausende von Menschenleben, die von Russland geraubt wurden.

Könnten wir doch nur die Zeit zurückdrehen. Es gibt so vieles, worauf ich augenblicklich verzichten würde. Den Beifall und die Bewunderung aus aller Welt. Mir wäre es lieber, Menschen würden auf den Nachnamen Selenskyj mit der Frage »Wer?« reagieren. Mir wäre es lieber, ich hätte den Applaus des amerikanischen Kongresses, des britischen House of Commons oder des Europaparlaments nie gehört – und dass die Ukrainer das Geräusch von Explosionen oder Schüssen in unserer Heimat niemals hätten hören müssen.

Könnten wir doch nur die Zeit zurückdrehen. Mir wäre es lieber, nicht mein Gesicht wäre auf dem Cover von *TIME*, sondern das eines Arztes, der an einem Heilmittel für Krebs forscht; dass sich die Listen der berühmtesten Menschen der Welt nicht auf Politiker konzentrierten, sondern auf Wissenschaftler, die Wege finden, den Hunger zu überwinden und den Klimawandel und chemische und biologische Kriegsführung, ja, gar die atomare Bedrohung, der sich die Welt gegenübersieht.

Könnten wir doch nur die Zeit zurückdrehen. Ich würde auf jede Erwähnung meines Namens in der internationalen Presse, auf jeden Repost in den sozialen Medien verzichten. Im Grunde ist es mir egal, ob ich neue Follower auf Instagram oder Facebook gewinne; das Einzige, was ich fühle, ist mein Herz, das bricht angesichts Tausender Toter in Butscha und Isjum – angesichts aller getöteten Ukrainer.

Vorausgesetzt, Sie leben auf dem Planeten Erde, wissen Sie wahrscheinlich bereits, was in den letzten acht Jahren in der Ukraine geschehen ist. Vorausgesetzt, dass Sie bei vollem Verstand sind, dass sie einen klaren Kopf haben und ein mitfühlendes Herz, kennen Sie bereits die Bedeutung des 24. Februars 2022. Vielleicht wissen Sie, warum es nur recht und billig ist, »rf« in Kleinbuchstaben zu schreiben.* Vielleicht verstehen Sie ja sogar, warum diese Einleitung beginnt, wie sie beginnt: unvermittelt, eindringlich, irritierend.

So ist die Zeit, in der sie verfasst wurde. So ist der Krieg, in dem diese Worte hier geäußert wurden. Sie haben recht. Für die allermeisten Bücher wäre dieser Einstieg zu viel. Dieses Buch ist die Ausnahme.

In diesem Buch soll es jedoch nicht darum gehen, dass wir die Zeit nicht zurückdrehen können. Es ist ein Buch darüber, wie wir eine Zukunft aufbauen können. Und ein Buch darüber, wie die Ukraine und ihre Bewohner dies bereits tun.

Dieser Prozess begann nicht am 24. Februar. Die Ukraine tauchte nicht erst Anfang 2022 auf der Weltkarte auf. Das Volk der Ukraine entstand nicht erst in dem Moment, als die rf einmarschierte. Wir waren, sind und werden sein; wir haben existiert, wir existieren und werden weiterhin existieren. Und auch wenn wir für die Hilfe, Unterstützung und Aufmerksamkeit der Welt dankbar sind, darf es nicht geschehen, dass die Tapferkeit unseres Volkes für selbstverständlich gehalten wird. Der Krieg darf nicht zur Routine werden.

Vergessen Sie die Ukraine nicht. Werden Sie der Ukraine nicht überdrüssig. Lassen Sie nicht zu, dass unser Mut »aus der Mode kommt«.

---

* Russische Föderation. Die Regierung der Ukraine schreibt den Namen des russischen Staates nicht groß, weil ihm dies für ihr Dafürhalten eine unangemessene politische Legitimität verleihen würde.

Die Ukraine zu unterstützen, ist kein Trend, kein Meme oder Onlinehype. Nichts, was sich blitzschnell auf der Welt verbreitet, um dann wieder in Vergessenheit zu geraten. Wenn Sie verstehen wollen, wer wir sind und woher wir kommen, was wir wollen und wohin wir gehen, müssen Sie zuerst mehr über uns erfahren. Dieses Buch wird Ihnen dabei helfen.

✲✲✲

»Die Geschichte ist nicht gerecht. Wir haben diesen Krieg nicht begonnen. Aber wir sind jene, die ihn beenden müssen. Und wir sind offen für den Dialog, um ebendies zu erwirken.«

»Was erwirkt das Ende des Krieges? Früher sagten wir ›der Frieden‹. Heute sagen wir ›der Sieg‹.«

Diese Worte sind der ersten und der letzten Rede des vorliegenden Buches entnommen. Zwischen ihnen liegen drei Jahre und drei Monate: vom 20. Mai 2019 bis zum 24. August 2022. Es ist der Ausschnitt der ukrainischen Geschichte, durch den ich Sie führen werde. Es ist der Weg, den wir als Nation gegangen sind.

Diese Worte machen deutlich, wie sowohl ich mich verändert habe als auch mein Team und das ukrainische Volk. Wir wollten den Krieg nicht. Wir taten alles, um den Krieg abzuwenden. Für dieses Ziel redete ich unablässig ab dem Moment, seit ich als Präsident vereidigt wurde, bis zu den letzten Stunden vor der russischen Invasion.

Jedes Mal, wenn die rf ein Streichholz über dem Pulverfass entzündete, haben wir es gelöscht. Wir ließen uns weder auf ihre Provokationen ein, noch schlugen wir zurück, als sie jedes einzelne Abkommen zwischen unseren beiden Ländern brach. Wir haben immer nach Frieden gestrebt, uns immer um diplomatische Lösungen bemüht, immer um Dialog und Verhandlungen gebeten.

Am 24. Februar um 4.30 Uhr morgens erhielten wir die Antwort der rf. Ihre Taten machten es deutlich. Sie wollten die Ukraine zerstören, uns sowohl als Staat als auch als Volk auslöschen.

Diese Antwort war den Ukrainern freilich nicht neu. Im Lauf der Jahrhunderte hatten viele Invasoren sie in vielen verschiedenen Sprachen gegeben. Und sie alle erwartete das gleiche Schicksal. Am Ende floh jede einfallende Armee zurück über die Grenze, die sie von vornherein niemals hätte überqueren sollen. Sie ließen ihre Waffen zurück und ihre Ausrüstung und eilten humpelnd aus unserem Land.

Auch den Streitkräften der rf ist es so ergangen. Sie haben den Tag verflucht, an dem sie einen Fuß in unser Land gesetzt haben und sahen, wie sich die freundlichen und friedlichen Bewohner der Ukraine in Löwen verwandelten, bereit, ihren Feind in Stücke zu reißen.

Sie haben gesehen, wie aus herzlichen und gastfreundlichen Menschen Krieger wurden, die ihnen nicht das

Getreide ihrer Felder anboten, sondern das Blei ihrer Gewehre.

Sie haben erlebt, wie sich Studenten und Wissenschaftlerinnen, Musiker und Schauspielerinnen, Lehrer und Ärztinnen, Ingenieure und Bäuerinnen der Armee anschlossen. Um die zweitstärkste Streitkraft der Welt zu schlagen, um das Flaggschiff der russischen Flotte auf den Meeresgrund zu schicken, um den Umgang mit M270 MLRS* und HIMARS** in weniger als einer Woche zu erlernen – und um Tausende Kilometer Gebiet innerhalb weniger Tage zu befreien.

Wer sind diese Ukrainer? Antworten darauf finden Sie in den sechzehn im Folgenden versammelten Reden. Sie wurden nicht willkürlich ausgewählt. Seit meinem Amtsantritt 2019 habe ich mehr als tausend Ansprachen auf der ganzen Welt gehalten. Ich habe die Reden in dem vorliegenden Buch ausgewählt, weil sie Ihnen mehr als alles andere helfen werden, uns zu verstehen: unsere Ziele, unsere Prinzipien und unsere Werte.

Ich lade Sie ein, auf den folgenden Seiten mehr über die Ukraine zu erfahren. Über unsere Träume und wer sie zerstören wollte. Entdecken Sie, wie wir vor der Inva-

---

*   M270 Multiple Launch Rocket System, ein Mehrfachraketenwerfer-Artilleriesystem, in der Bundeswehr als MARS (Mittleres Artillerieraketensystem) bezeichnet. Steht dem ukrainischen Militär seit Juli 2022 zur Verfügung.

** M142 High Mobility Artillery Rocket System, ein in den USA hergestelltes Mehrfachraketenwerfer-Artilleriesystem, das dem ukrainischen Militär seit Juni 2022 zur Verfügung steht.

sion waren, wie uns der Krieg veränderte und warum. Lesen Sie etwas über unser Leben und unsere Geschichte der vergangenen drei Jahre.

Doch hören Sie vor allem unsere Botschaft, die laut und klar am Unabhängigkeitstag 2022 erklang und erst verklingen wird, wenn der letzte russische Soldat unser Land verlassen hat. »Was erwirkt das Ende des Krieges? Früher sagten wir ›der Frieden‹. Heute sagen wir ›der Sieg‹.«

Präsident Wolodymyr Selenskyj
Oktober 2022

Teil I
Unsere Werte

»Freiheit bedeutet nicht von Fesseln befreite Hände. Freiheit bedeutet, in Gedanken frei zu sein.«

IM APRIL 2019 wurde Wolodymyr Selenskyj zum Präsidenten der Ukraine gewählt. In den vorangegangenen vier Monaten hatte der ehemalige Fernsehproduzent und Comedian einen Wahlkampf geführt, der seine Außenseiterrolle in den Mittelpunkt stellte und seine Entschlossenheit, es mit der alten politischen Elite des Landes aufzunehmen. Nun hatte er die Chance, sein Land zu erneuern. Die Ukraine, sagte Selenskyj in seiner Antrittsrede, stehe kurz davor, in »eine neue Ära« einzutreten, die von einem neuen Wertekanon bestimmt werde. In den darauffolgenden Jahren präsentierte Selenskyj jene Vision überall, vom ukrainischen Parlament bis hin zum Rednerpult des UN-Sicherheitsrats. Er beschrieb die Ukraine als demokratische, freie Nation, frei von Korruption und sich ihres Platzes in der Mitte Europas gewiss. Selenskyj kam auch auf die größte Bedrohung dieser neuen Ära zu sprechen: Russland. Wladimir Putin, so Selenskyj, könne die Entscheidung nicht ertragen, die die Ukrainerinnen und Ukrainer getroffen hatten: Europa statt Russland und Demokratie statt Autokratie.

1

»Jeder von uns ist Präsident«

Antrittsrede vor dem ukrainischen Parlament
Kiew, 20. Mai 2019

Nachdem ich gewählt wurde, sagte mein sechsjähriger Sohn zu mir: »Papa, im Fernsehen sagen sie, Selenskyj ist der Präsident. Bedeutet das, auch ich bin Präsident?«

Damals klang das merkwürdig, später aber wurde mir klar, dass es der Wahrheit entsprach. Weil jeder von uns Präsident ist. Nicht nur die 73 Prozent, die für mich stimmten, sondern 100 Prozent, alle Ukrainer. Dieser Sieg gehört mir nicht allein; es ist unser gemeinsamer Sieg. Und es ist eine gemeinsame Chance, für die wir alle Verantwortung tragen.

Denn nicht nur ich habe einen Eid geleistet. Jeder von uns hat eine Hand auf die Verfassung gelegt und der Ukraine die Treue geschworen.

Nun stellen Sie sich einmal die folgenden Schlagzeilen vor: »Präsident zahlt keine Steuern.« – »Präsident im Vollrausch über rote Ampel gerast.« Oder vielleicht: »Präsident stiehlt heimlich, denn alle anderen tun es auch.« Wäre das nicht beschämend? Genau das meine ich, wenn ich sage, jeder von uns ist Präsident. Die Ukraine aufzubauen, ist eine Verantwortung, die wir alle gemeinsam tragen. Ab heute ist es an uns, das Land zu erschaffen, das wir unseren Kindern hinterlassen wollen.

Um zu einem europäischen Land zu werden, muss sich jenes Europäertum in jedem Einzelnen von uns manifestieren. Wir haben einen Weg gewählt, der nach Europa führt, aber Europa ist nicht irgendwo »da draußen«. Europa ist hier, in unserem Inneren. Und wenn es dort entsteht, wird es überall in der Ukraine entstehen.

Das ist unser gemeinsamer Traum. Doch wir teilen auch einen gemeinsamen Schmerz. Jeder von uns ist im Donbass gestorben. Jeder von uns ist ein Geflüchteter. Jeder von uns ist ein Arbeitsmigrant. Und jeder von uns ist der eine, der in Armut lebt.

Aber wir werden es überstehen. Denn jeder von uns ist auch Ukrainer.

In diesem Land sind alle Bürgerinnen, alle Bürger gleich viel wert. Von Uschhorod bis Luhansk, von Tschernihiw bis Simferopol, von Lwiw bis Charkiw, von Donezk über Dnipro bis Odessa sind wir alle Ukrainer. Und wir müssen zusammenstehen. Denn wir sind nur stark, wenn wir vereint sind.

Heute appelliere ich also an Ukrainer auf der ganzen Welt. Es gibt 65 Millionen von uns. Ukrainer in Europa und Asien, in Nord- und Südamerika, Australien und Afrika – ich appelliere an Sie alle. Wir brauchen Sie. All jenen, die bereit sind, eine neue, starke und erfolgreiche

Ukraine zu errichten, gewähre ich mit Freude die Staats-
bürgerschaft. Kommen Sie nicht zu Besuch, kehren Sie
nach Hause zurück. Kommen Sie nicht mit Gastgeschen-
ken aus der Ferne, bringen Sie einfach Ihr Wissen, Ihre
Erfahrung und Ihre Werte mit.

Das wird uns helfen, in eine neue Ära einzutreten.
Skeptiker werden sagen, dies sei unmöglich, eine Wunsch-
vorstellung. Aber was, wenn uns genau das als Nation
eint: zusammenzustehen und das Unmögliche zu schaffen, allen Widrigkeiten zum Trotz?

Einige unter Ihnen werden sich daran erinnern, als
sich die isländische Fußballmannschaft für die Europa-
meisterschaft 2016 qualifizierte. Ein Zahnarzt, ein Re-
gisseur, ein Pilot, ein Student und ein Gebäudereiniger
fanden sich zusammen, um die Ehre ihres Landes zu verteidigen. Niemand glaubte, dass es ihnen gelingen würde,
doch genau so war es.

Auch wir sollten diesen Weg einschlagen. Im Fußball
müssen wir die Isländer werden, die Israelis bei der Verteidigung unseres Landes, die Japaner in Sachen Technologie und die Schweizer in ihrer Fähigkeit, harmonisch
zusammenzuleben.

Unser oberstes Ziel jedoch ist, Waffenruhe im Donbass zu erwirken. Ich wurde oft gefragt: »Was sind Sie
bereit, für die Waffenruhe zu bezahlen?« Das ist eine
seltsame Frage. Was sind Sie bereit, für das Leben Ihrer
Angehörigen zu bezahlen? Ich bin bereit, jeden Preis zu
bezahlen, um das Sterben unserer Kriegshelden zu beenden. Ich bin bereit, auf meinen Ruhm zu verzichten, auf

meine Umfragewerte – wenn erforderlich, mein Amt. Das Einzige, worauf ich nicht verzichten werde, sind unsere Gebiete.

Die Geschichte ist nicht gerecht. Wir haben diesen Krieg nicht begonnen. Aber wir sind jene, die ihn beenden müssen. Und wir sind offen für den Dialog, um ebendies zu erwirken.

Schritt eins wird die Rückführung aller ukrainischen Gefangenen sein. Im nächsten Schritt werden wir die »Rückgabe« aller verlorenen Gebiete sichern. Dieser Begriff scheint mir nicht ganz zutreffend, denn es ist unmöglich, uns zurückzugeben, was immer schon uns gehörte. Sowohl die Krim als auch der Donbass sind ukrainisches Land.

Land jedoch, auf dem wir das Wichtigste verloren haben: die Herzen der Menschen, die dort leben. Und wir müssen sie zurückgewinnen. Über Jahre hinweg haben die Behörden nichts getan, was den Menschen auf der Krim und im Donbass das Gefühl gegeben hätte, Ukrainer zu sein; was sie hätte begreifen lassen, dass sie keine Fremden sind, sondern unsere Leute.

Selbst wenn ihnen zehn Reisepässe aus zehn verschiedenen Ländern gewährt würden, würde sich daran nichts ändern. Ukrainer ist man nicht aufgrund einer Zeile im Pass. Ukrainer ist man hier, im Herzen.

2

»Ein Krieg von anderen«

Rede vor der UN-Vollversammlung
New York, 25. September 2019

Jeder hier im Saal hat eigene Wertvorstellungen und eigene Probleme. Doch eines eint uns alle: Jeder der hier Anwesenden hat einmal seine erste Rede von diesem Podium aus gehalten.

Bitte rufen Sie sich ins Gedächtnis, wie Sie sich in diesem Moment fühlten. Jeder von Ihnen, heute so respektiert und anerkannt, war einmal »Anfänger« auf dem Parkett der Weltpolitik. Und doch hat die Gemengelage aus Pragmatismus, Skepsis und rauer geopolitischer Realität, die unsere Welt bestimmt, Ihre Leidenschaft seither nicht abgekühlt; Ihren unerschütterlichen Glauben, dass die Welt zum Besseren verändert werden kann.

Erinnern Sie sich daran, wie wichtig es war, die Sorgen Ihres Landes und Ihres Volkes an jenem Tag mit der Welt zu teilen. Erinnern Sie sich daran, wie wichtig es war, gehört zu werden. Genauso fühle ich mich heute.

Lassen Sie mich Ihnen eine Geschichte erzählen. Es ist die Geschichte eines Menschen, für den »gehört zu werden« das war, was dem Leben Sinn verlieh. Jener Mann hatte eine göttliche Stimme. Er wurde als einer der besten Baritone und Countertenöre der Welt gefeiert. Seine Stimme konnte man in der Carnegie Hall in New York hören, in der Kathedrale Notre-Dame, in Covent Garden in London und in der Opéra de Paris. Jeder von Ihnen hätte die Möglichkeit haben können, seinem unglaublichen Gesang zu lauschen.

Doch es gibt da etwas, das zur Folge hat, dass es dazu niemals kommen wird. Lassen Sie es mich Ihnen zeigen, so sieht es aus.* 12,7 Millimeter, die nicht nur seiner Karriere ein Ende setzten, sondern seinem Leben. So ein Projektil kostet zehn Dollar. Heute ist das der Wert eines Menschenlebens.

Es gibt Tausende solcher Geschichten, Millionen solcher Projektile. Willkommen im einundzwanzigsten Jahrhundert. Es sollte ein Jahrhundert der Möglichkeiten sein; nur dass man heute anstatt der Möglichkeit, gehört zu werden, eher die Möglichkeit hat, ermordet zu werden.

Der Mann hieß Wassyl Slipak. Er war Ukrainer, Solist an der Pariser Oper. Und wurde im Donbass getötet, als er die Ukraine gegen die russische Aggression verteidigte.

Der Krieg im Donbass dauert nun schon seit fünf Jahren an. Auch die Annexion der ukrainischen Halbinsel Krim dauert nunmehr fünf Jahre. Und trotz der Vorga-

---

* Hält ein Projektil in die Höhe.

ben des Völkerrechts und Hunderter von Organisationen, die dafür vorgesehen sind, es zu verteidigen, ist es unser Land, das seine Souveränität und territoriale Unversehrtheit schützen muss. Es ist unser Land, das mit gezogenen Waffen kämpft, das seine Bürger verliert.

Mehr als 13 000 wurden getötet, 30 000 verwundet. Eineinhalb Millionen Menschen mussten ihr Zuhause verlassen. Jahr für Jahr werden diese grauenvollen Zahlen an dieser Stelle vorgetragen, mit einem Unterschied: Sie werden immer größer.

Meine Ziele sind das Ende des Krieges, die Rückgabe aller besetzten ukrainischen Gebiete und Frieden. Aber weder auf Kosten der Leben unserer Bürger noch auf Kosten der Freiheit oder auf Kosten des Rechts der Ukraine, ihren eigenen Weg zu wählen. Darum brauchen wir die Unterstützung der Welt. Nun, ich verstehe, dass jedem der hier Anwesenden die Sorgen seines Landes am Herzen liegen; und die Probleme anderer sollten Sie nicht mehr bedrücken als Ihre eigenen.

Doch das, was in meinem Land geschieht, ist nicht länger »ein Krieg von anderen«.

Niemand von Ihnen kann sich sicher fühlen, solange Krieg herrscht in der Ukraine. Solange Krieg herrscht in Europa.

Es wäre fatal zu glauben, die Situation in unserem Land ginge Sie nichts an und würde sich niemals auf Sie auswirken. Wenn Sie die Welt aus globaler Perspektive betrachten, können Sie Ihre Augen nicht vor solchen »Details« verschließen. Es war das Wegsehen, das die

Grundlage für zwei Weltkriege schuf. Zigmillionen Menschenleben waren der Preis für diese Unaufmerksamkeit, das Schweigen, die Tatenlosigkeit oder die mangelnde Bereitschaft, den eigenen Ehrgeiz dem Allgemeinwohl zu opfern. Hat die Menschheit begonnen, diese entsetzlichen Lehren aus der Geschichte zu vergessen?

Die Ukraine erinnert sich. Die Ukraine hat immer ihre Bereitschaft demonstriert, auf zivilisierte Weise in Richtung Frieden voranzugehen und Schritte zu unternehmen, die internationale Sicherheit zu stärken. Bedenken Sie, dass die Ukraine auf ihr Atomwaffenarsenal verzichtete, das damals größer war als das von Großbritannien, Frankreich und China zusammen.[*]

Weil wir glaubten, so eine andere Welt zu schaffen. Eine neue Welt. Eine Welt, in der man keine Nuklearwaffen braucht, um gehört zu werden. Eine Welt, in der man nicht für die Anzahl seiner Atomsprengköpfe respektiert wird, sondern für das, was man tut.

Und doch hat unser Land in dieser neuen Welt Teile seines Hoheitsgebiets verloren und verliert fast täglich Bürger. Wenn nicht die Ukraine, wer dann hat das Recht, von der Notwendigkeit zu sprechen, die Regeln dieser Welt zu überdenken?

Selbstverständlich hinterfragen wir nicht die Autorität internationaler Institutionen, allen voran die der Verein-

---

[*] Gemäß dem Budapester Memorandum von 1994 gab die Ukraine ihr gesamtes Atomwaffenarsenal auf im Gegenzug für Sicherheitsgarantien vonseiten Russlands, der Vereinigten Staaten und des Vereinigten Königreichs.

ten Nationen. Und doch müssen wir uns eingestehen, dass ihre Mechanismen nicht ohne Tadel sind … Lassen Sie uns ehrlich sein: Sind Nationen heute wirklich vereint? Und falls ja, was vereint sie? Desaster und Kriege, vielleicht.

Von diesem Podium, dem höchsten der Welt, hören wir permanent Forderungen nach einem faireren Planeten, Versprechen für ein Mehr an Gerechtigkeit und die Ankündigung neuer Initiativen. Es ist an der Zeit, dafür zu sorgen, dass ihnen Taten folgen. Denn in der heutigen Welt, in der ein Menschenleben gerade einmal zehn Dollar wert ist, haben Worte längst ihre Bedeutung verloren.

Rufen Sie sich das Ziel in Erinnerung, das hinter der Gründung der UNO im Jahr 1945 stand: den Frieden und die internationale Sicherheit zu wahren und zu festigen. Wie aber reagieren wir, wenn die Grundlagen der internationalen Sicherheit auf dem Spiel stehen?

Denn jeder Krieg – ob in der Ukraine, in Syrien, Libyen, dem Jemen oder in irgendeinem anderen Winkel dieser Welt – stellt eine ernsthafte Bedrohung für die gesamte Menschheit dar, unabhängig von der Anzahl der Todesopfer. Diese Kriege zeigen, dass der *Homo sapiens* Konflikte auch 2019 noch durch Morden löst. Seit ihrem Anbeginn hat die Menschheit nach neuen Möglichkeiten gestrebt, nach neuen Möglichkeiten, immer größere Distanzen zu überwinden, Informationen auszutauschen und Krankheiten zu heilen. Nur eines bleibt unverändert: dass Auseinandersetzungen zwischen Nationalstaaten weiterhin nicht im Dialog, sondern mithilfe von Raketen gelöst werden. Nicht mit Worten, sondern durch Krieg.

Vertrauen Sie nicht darauf, der Krieg sei weit entfernt. Das militärische Vorgehen, die Technologien und Waffen haben zur Folge, dass unser Planet nicht mehr so groß ist, wie er einst war. Die Zeit, die es mich gekostet hat, diesen Absatz vorzutragen, würde ausreichen, den gesamten Planeten zu vernichten.

Daher trägt jeder politische Führer nicht nur für das Schicksal seines eigenen Landes Verantwortung, sondern für das Schicksal der Welt. Wir müssen uns darüber im Klaren sein, dass nicht der ein starker Anführer ist, der ohne mit der Wimper zu zucken, Tausende Soldaten in den Tod schickt. Ein starker Anführer ist, wer das Leben aller schützt.

Stellen wir uns doch einmal die folgende Frage: Was vermitteln unsere Versammlungen in diesem Saal der Welt, wenn sie für manche nicht mehr sind als politisches Schmierentheater? Wenn dieser Raum zur Bühne wird, auf der wir gute Vorsätze verkünden, die durch schlechte Taten zunichtegemacht werden?

Auf dieser Bühne führen wir nicht nur eine Szene aus einem Theaterstück vor. Die siebeneinhalb Milliarden Bewohner dieses Planeten sind nicht nur Zuschauer, sie sind unmittelbar Beteiligte. Die Grundlagen des Lebens, das sie führen, werden hier bestimmt. Ja, ob sie ein Leben haben werden oder nicht, hängt von jedem Einzelnen hier vor Ort ab.

Ich wünschte mir, eines Tages wäre diese Rede als »fünfzehn Minuten, die die Welt veränderten« bekannt. Auch wenn ich mir dessen wohl bewusst bin, dass es unmöglich ist, etwas, das seit Tausenden von Jahren existiert, innerhalb von fünfzehn Minuten zu verändern. Die meisten Verhaltenstheorien besagen, Krieg sei ein integraler Bestandteil der menschlichen Natur.

Doch die Welt ändert sich, und der Mensch ändert sich mit ihr. Wir Menschen haben die Schrift und Mathematik erfunden, das Rad und Penizillin, wir haben den Weltraum erobert – wir als Menschheit haben noch immer eine Chance. Wir wissen um die Gefahr, in der sich die Menschheit befindet, und müssen andere Formen des Zusammenlebens erproben. Unser Streben muss einer neuen Haltung gelten, in der Gewalt, Feindseligkeit und Hass der Vergangenheit angehören.

Sehr geehrte Damen und Herren, am heutigen Tag im Jahr 1970 starb Erich Maria Remarque. Vor neunzig Jahren wurde sein Roman *Im Westen nichts Neues* veröffentlicht. Rufen Sie sich das Motto des Buchs in Erinnerung: »Dieses Buch [...] soll nur den Versuch machen, über eine Generation zu berichten, die vom Krieg zerstört wurde – auch wenn sie seinen Granaten entkam.« Im selben Jahr erschien auch Ernest Hemingways *In einem anderen Land*. Er schrieb: »Ein Krieg wird nicht durch Sieg gewonnen.« Was er damit ausdrücken wollte, war, dass selbst der Sieger eines Krieges niemals wirklich aufhören kann zu kämpfen.

Die Welt muss sich vor Augen führen, dass jede durch

einen Krieg zerstörte Generation den Weg zum nächsten Krieg ebnet: zu einem neuen Krieg, der wiederum unmöglich durch einen Sieg allein errungen werden kann. Heute heißt es oft, ein Dritter Weltkrieg wäre der letzte. Ich hoffe, diese Aussage zeigt allein die Einsicht in die Gefahren, denen wir uns gegenübersehen. Und sie ist keine Vorhersage unserer Zukunft.

3

»Das Gegenteil von Liebe«

Rede vor dem
United States Holocaust Memorial Museum
Washington, D. C., 1. September 2021

Der Zweite Weltkrieg begann heute vor zweiundachtzig Jahren, am 1. September 1939. Er war die Folge einer allzu menschlichen Grausamkeit; oder eher noch: eines allzu menschlichen Hasses.

Sein Name lautete Nationalsozialismus. Vor zweiundachtzig Jahren versuchte er, die Menschheit zu versklaven und die Weltherrschaft an sich zu reißen.

Das Wort »Nationalsozialismus« löst zahlreiche Assoziationen aus. Tod. Hunger. Gefangenschaft. Ausgebombte Städte. Niedergebrannte Dörfer. In Krematorien verbrannte Menschen. Ostarbeiter.* Konzentrationslager. Der Holocaust.

Mindestens sechs Millionen Juden fielen dem Nationalsozialismus in Europa zum Opfer. Eineinhalb Millio-

---

* Zwangsarbeiter aus Zentral- und Osteuropa, die während des Zweiten Weltkriegs zur Arbeit für Nazideutschland genötigt wurden.

nen – jeder vierte – stammten aus der Ukraine. Darunter eine Familie, deren Geschichte ich gerne erzählen möchte.

Es ist die Geschichte von vier Brüdern. Drei von ihnen wurden zusammen mit ihren Eltern, Ehefrauen, Kindern und allen anderen Verwandten von den deutschen Invasoren erschossen, die die Ukraine überfielen. Der vierte Bruder überlebte. Zur Zeit ihrer Ermordung kämpfte er an der Front. Er kämpfte bis zum Ende des Zweiten Weltkriegs und trug so zum Sieg über den Nationalsozialismus bei.

Vier Jahre später kehrte er nach Hause zurück. Zwei Jahre danach wurde er Vater eines Sohnes. Einunddreißig Jahre später wurde sein Enkelsohn geboren. Dann, vierzig Jahre danach, wurde ebenjener Enkelsohn Präsident der Ukraine. Er steht heute vor ihnen.

Der Nationalsozialismus wurde bezwungen, endgültig und für alle Zeiten. Doch er ließ zahlreiche zerstörte Leben zurück, betraf fast jede Familie. Neben denen, die ihr Leben im Kampf gegen den Nationalsozialismus ließen, gibt es jedoch in beinahe jeder Familie jemanden, der den Kampf gegen ihn überlebte.

Ihnen war es möglich, ihre Erinnerung an künftige Generationen weiterzugeben. Sodass wir sagen konnten: »Nie wieder.« Sodass wir den Nationalsozialismus daran hindern konnten, jemals zurückzukehren.

Leider gibt es auch heute noch Anhänger nationalsozialistischen Gedankenguts – Anhänger von Fremdenhass und Ungleichheit. Sie sind in vielen unterschiedlichen Ländern, in vielerlei unterschiedlicher Gestalt präsent. In der heutigen Ukraine geht ihr Einfluss jedoch gegen null. In der Ukraine haben Rassismus und Intoleranz nicht die geringste Chance.

Betrachten Sie nur einmal die Reaktion der Ukrainer auf die Propaganda jener, die unser Volk als Nazis und Antisemiten bezeichnen.* Sie wählten mich zum Präsidenten.

Fragen zum Stellenwert von Rassismus in der Ukraine wurden bereits viele Male beantwortet. Um genau zu sein, mindestens 2659 Mal. So viele Ukrainer tragen offiziell den Ehrentitel »Gerechter unter den Völkern«: Menschen, die Juden retteten, auch wenn es sie das eigene Leben hätte kosten können.** Die Ukraine steht damit an vierter Stelle. Als Präsident habe ich lebenslang laufende Rentenzahlungen für ukrainische Bürger eingerichtet, die Juden während des Holocaust retteten. Es ist das Mindeste, was der Staat heute tun kann, um ihren Mut und ihre Opferbereitschaft zu würdigen.

Im Bewusstsein der Ukrainer findet sich keine Spur von Antisemitismus und Nazismus. Diese Übel haben keinen Platz in den Herzen der Menschen, die Babi Jar überlebten.

Letztes Jahr am Internationalen Tag des Gedenkens an

---

*   Im Vorfeld des Einmarsches in die Ukraine betonte die russische Propaganda oft die Notwendigkeit, die Ukraine zu »entnazifizieren«.

**   Der Ehrentitel wird vom Staat Israel an nicht jüdische Einzelpersonen verliehen, die während der NS-Herrschaft das Leben jüdischer Menschen retteten.

die Opfer des Holocaust weihten wir mitten in Kiew ein Denkmal ein. Im Inneren befinden sich Fotos aus der Zeit der nationalsozialistischen Besatzung Kiews. Ein Foto zeigt eine Gruppe von Menschen, die an zwei erschossenen Juden vorbeigeht.

Es ist ein entsetzliches, obgleich notwendiges Symbol für künftige Generationen. Es zeigt, dass schwere Verbrechen möglich sind, wenn Menschen lieber wegsehen. Lieber stumm bleiben. Lieber vorbeigehen. Etwas, das Ukrainer nicht vergessen haben.

Auch eine knappe, kalte, grausame von den Nazibesatzern in Kiew verfasste öffentliche Bekanntmachung ist unvergessen. »Anordnung: Sämtliche Juden aus Kiew und Umgebung haben sich am 29. September 1941 bis 8 Uhr Ecke Melnyk- und Dokteriwski-Straße (an den Friedhöfen) einzufinden. Mitzuführen sind Dokumente, Geld, Wäsche etc.«

Zwei Sätze. Ein paar Dutzend Wörter. Hunderttausende Ermordete.

Im Lauf der darauffolgenden beiden Tage töteten die Nazis beinahe 34 000 Menschen in der Schlucht von Babi Jar. In den kommenden zwei Jahren ermordeten sie hier nach diversen Schätzungen bis zu 200 000 Menschen.

Es ist unsere Pflicht, das Gedenken an die Opfer zu wahren. Doch lange Zeit gab es kein solches Gedenken. Zu Sowjetzeiten wurden am Ort des Massakers ein Sportzentrum und ein Schießstand gebaut. Ab 1991 wurde Babi Jar eher planiert denn in Erinnerung gerufen. In den letzten beiden Jahren haben wir das geändert.

Ende 2020 unterzeichnete ich das Dekret »Maßnahmen für die Weiterentwicklung des Erinnerungsorts Babi Jar«. Es leistet einen wesentlichen Beitrag, das historische Versagen zu korrigieren und der Opfer von Babi Jar zu gedenken.

Ich habe darüber nachgedacht, ab welchem Alter man seinen Sohn zu jenem Denkmal mitnehmen kann. Ist jetzt noch zu früh? Und dann fiel mir die Geschichte eines achtjährigen Mädchens ein, das Auschwitz überlebte. Sie sprach über die Zwangsarbeit in der Fabrik, in der Nazibomben und -granaten sortiert wurden. Kisten, die man als defekt identifizierte, markierte man mit einem weißen Kreuz. Sie entfernte die Markierungen auf ein paar Kisten. Hätte sie jemand dabei erwischt, wäre sie auf der Stelle erschossen worden. Sie tat es dennoch. Und so detonierten von den Abertausenden Bomben, die die Nazis über Städte und Dörfer abwarfen, ein paar nicht.

Wie viele Leben mag sie wohl gerettet haben? Das werden wir niemals erfahren. Ihre Geschichte aber lehrt uns, dass es nie »zu früh« ist, mit Kindern darüber zu reden, was der Holocaust ist, was Faschismus ist und warum sich so etwas nie mehr wiederholen darf.

In knapp einem Monat, am 29. September, begehen wir den achtzigsten Jahrestag des Beginns der Massenerschießungen in Babi Jar. In der Woche bis zum 6. Oktober werden wir der Opfer gedenken. Ich würde Sie gerne einladen, mit Ihren Kindern und Enkelkindern in die Ukraine zu kommen, nach Kiew – sodass wir gemeinsam für die Seelen all jener beten können, die an diesem Ort während des Holocaust gestorben sind.

Dies tun wir mit dem tiefsten Respekt für vergangene Generationen und mit unerschütterlichem Glauben an friedliche Zeiten, für jene, die folgen werden.

Die Ukrainer werden der Opfer der Shoah immer gedenken. In unseren Herzen können wir diese Tragödie nachfühlen, weil auch uns eine große Tragödie widerfahren ist: der Hungergenozid.* Davon kann sich niemand abwenden.

Genauso wenig, wie man sich von der Tragödie abwenden kann, die uns heute widerfährt: der Krieg im Donbass, in dem ukrainische Bürger sterben. Ukrainer, die orthodoxe Christen sind, Juden, Katholiken, Muslime und Anhänger vieler anderer Glaubensrichtungen.

Heute warten Städte in der Ostukraine, die vor achtzig Jahren von den Nazis befreit wurden, zum zweiten Mal auf ihre Befreiung.

Heute erzählen Kinder und Enkelkinder ihren Großeltern vom Krieg – nicht andersherum.

Heute befindet sich die Ukraine im Kriegszustand. Davor darf man die Augen nicht verschließen. Man darf es nicht ignorieren.

Sie dürfen nicht glauben, dies beträfe allein die Ukraine und Russland ... Faschismus beginnt mit der Ver-

---

* Eine Anspielung auf den Holodomor oder »Hungerterror« der Jahre 1932/33. Die Hungersnot, ausgelöst durch Stalins Politik der Zwangskollektivierung, tötete Millionen Ukrainerinnen und Ukrainer. Zahlreiche Historiker bewerten sie als Genozid.

letzung des Völkerrechts, mit der Verletzung der Menschenrechte, mit Ermordungen und Verhaftungen. Elie Wiesel, Nobelpreisträger sowie Überlebender von Auschwitz und Buchenwald, sagte, »das Gegenteil von Liebe [ist] nicht Hass […], sondern Gleichgültigkeit«.

Stehen Sie dem Krieg im Donbass und der Besatzung der Krim nicht gleichgültig gegenüber. Stehen Sie der Ukraine nicht gleichgültig gegenüber.

4

»Unbezwingbar«

Ansprache am Tag der Würde und Freiheit
Kiew, 21. November 2021

Wir sind ein freies Volk, frei, unsere Zukunft zu gestalten. Darauf sollten wir stolz sein. Denn wir haben für unsere Freiheit einen hohen Preis bezahlt – und zahlen ihn weiterhin.

Wir werden all jene, die ihr Leben für die Ukraine gegeben haben, niemals vergessen. Wir werden all jenen, die ihr Leben geraubt und versucht haben, uns unsere Freiheit zu nehmen, niemals vergeben. Und wir werden nie aufhören, darauf stolz zu sein, dass sie es nicht geschafft haben – und niemals schaffen werden.

Es ist an der Zeit, unsere Selbstwahrnehmung zu ändern. Ukrainer sind keine Opfer, noch sind wir unterdrückt oder geteilt oder gefangen. Wir sind schön, stark, mutig, intelligent, talentiert. Wir sind unbezwingbar.

Unbezwingbar sind wir auch, weil wir unsere Würde haben. Ukrainer wissen um eine einfache Wahrheit: dass ein Leben ohne Freiheit gar kein Leben ist. Uns ist bewusst, dass wir, verlieren wir unsere Freiheit, auch unsere

Ehre verlieren. Unsere Ehre zu verlieren, hieße, unsere Herzen zu verlieren. Unsere Herzen zu verlieren, hieße, unsere Seelen zu verlieren. Und unsere Seelen zu verlieren, hieße, unser Leben zu verlieren.

Darum kämpfen wir für unsere Freiheit, auch wenn uns dies das Leben kostet. Weil wir *für* unser Leben kämpfen.

Würde und Freiheit. Für Ukrainer haben diese Worte seit Langem eine tiefe Bedeutung. Ich werde die Geschichte niemals vergessen, die ein paar ukrainische Seeleute bei ihrer Rückkehr aus der Gefangenschaft während des Zweiten Weltkriegs erzählten. Sie waren Gefangene, blieben aber dennoch frei im Geist. Sie scherzten so laut, dass ihnen ihre Wächter befahlen, still zu sein; üblicherweise weinten Menschen an diesem Ort, doch sie wollten nicht aufhören zu lachen. Bei ihrem Transport quer durchs Land saßen sie in einem Waggon und sangen die Nationalhymne … Diese Ukrainer benahmen sich nicht wie Gefangene, weil sie ihre Würde nicht verloren hatten. Sie bewiesen, dass man in einem fremden Land – ja, selbst im Gefängnis – noch immer frei sein kann.

Freiheit bedeutet nicht von Fesseln befreite Hände. Freiheit bedeutet, in Gedanken frei zu sein.

Nehmen Sie Wassyl Stus.* Als die sowjetischen Behörden überall in der Ukraine junge Kreative verhafteten, erhob er sich bei der Premiere von Sergei Paradschanows 1965 erschienenem Film *Feuerpferde* und sagte:

---

* Ukrainischer Dichter und Dissident (1938–1985).

»Jeder, der die Verhaftungen ablehnt, stehe auf.« Ein paar Menschen standen auf. Dann noch ein paar. Und dann noch mehr.

Warum startete Stus einen solchen Protest? Er wusste, dass er dadurch seine Freiheit verlieren konnte. Doch er wusste auch, dass er, bliebe er untätig, zweifellos seine Würde verlor.

Oder nehmen Sie Omeljan Kowtsch, den Priester, der während des Holocaust Juden rettete, indem er ihnen zu Taufurkunden verhalf, die ihren christlichen Glauben bezeugten. Dafür wurde er ins Konzentrationslager Lublin-Majdanek geschickt. Dort verlor er seine Freiheit für immer, nicht aber seine Würde.

In einem Brief nach Hause entschuldigte er sich für seinen Entschluss zu bleiben, obwohl ihm eine vorzeitige Entlassung angeboten worden war. »Diese Menschen brauchen mich hier«, schrieb er. »Im Glauben, bald zu sterben, kommen sie zu mir, um zu beichten. Wenn ich gehe, werden sie ohne Hoffnung zurückbleiben. Man hat ihnen bereits ihre Würde, ihre Ehre, ihre Freiheit genommen; ihr Zuhause, ihre Verwandten, ihre Namen; bald schon wird ihnen auch ihr Leben geraubt. Ich werde ihnen nicht ihre Hoffnung nehmen.«

Oder nehmen Sie Leonid Bykow.[*] Er gab weder seine Prinzipien noch seine kreative Freiheit auf. Sein Meisterwerk *Erfahrene Hasen des Geschwaders* wollte er in Farbe drehen, aber die Behörden stellten ihm nur Schwarz-

[*] Ukrainischer Schauspieler und Filmregisseur (1928–1979).

Weiß-Film zur Verfügung. Ob das seine Würde verletzte? Vielleicht. Aber hat er sie deswegen verloren? Nein. Und er machte einen Schwarz-Weiß-Film, der von Millionen verehrt wird – einen Film über Menschen, die würdevoll sind und frei.

Wie jene, die während der Proteste 1990, 2004 und 2014 auf dem Maidan standen. Wie jene, die in Schützengräben im Osten der Ukraine die Stellung halten und unseren Staat verteidigen.

Sie alle sind unterschiedlich. Im Kampf tragen sie das Kosakenkreuz, den Halbmond oder den Davidstern. Jungs aus der Westukraine und aus dem Südosten. Solche, die Russisch sprechen aus Charkiw und Krywyj Rih sowie solche, die Ukrainisch sprechen aus Ternopil und Iwano-Frankiwsk. Menschen aus Tscherkassy, Winnyzja, Mykolajiw, aus Kiew, aus dem Donbass, aus Luhansk und von der Krim.

Alle unterschiedlich. Alle Ukrainer. Alle unsere Champions. Sie wissen, dass man nie aufgeben darf, seine Würde zu verteidigen. Aber Ukrainer sind es auch nicht gewohnt aufzugeben. Und aus diesem Grund haben wir Ukrainer unsere Freiheit.

Teil II

Unser Kampf

»Wir sind stark. Wir sind zu allem bereit. Wir werden jeden bezwingen. Weil wir die Ukraine sind.«

AM 24. FEBRUAR 2022 um 4.30 Uhr morgens drang die russische Armee in die Ukraine ein. Im Lauf des vergangenen Jahres hatte Wladimir Putin weit mehr als hunderttausend Soldaten an den Grenzen des Landes aufmarschieren lassen und forderte nun, es möge auf seine Souveränität verzichten und auf seinen Kurs Richtung Westen. Viele gingen davon aus, das ukrainische Militär werde angesichts der Überzahl der russischen Angreifer einknicken – und dass das Regime in Kiew kollabieren werde. Aber der Krieg verlief nicht so, wie von Putin erhofft. In den darauffolgenden Tagen und Wochen leistete die Ukraine Widerstand. Ebenso wie Selenskyj. Weit davon entfernt, das Land zu verlassen, blieb der Präsident in Kiew und machte sich eine neue Rolle zu eigen: Mit seinen Ansprachen wandte er sich täglich an das ukrainische Volk, dessen Widerstandskraft und Stärke seine Worte eindrucksvoll einfingen.

5

»Die Lehren der Geschichte«

Rede vor der Münchner Sicherheitskonferenz
19. Februar 2022

Vor zwei Tagen war ich im Donbass, auf der Demarkationslinie.

Offiziell markiert sie die Grenze zwischen der Ukraine und den vorübergehend besetzten Gebieten. In Wirklichkeit jedoch markiert sie die Grenze zwischen Frieden und Krieg. Auf der einen Seite ist ein Kindergarten, auf der anderen ein Bombenkrater. Auf der einen Seite ist eine Schule, auf der anderen ein von einer Rakete zerstörter Spielplatz.

Noch immer besuchen dreißig Kinder die Schule auf der besetzten Seite, um dort zu lernen.

Ein paar von ihnen haben Physikunterricht. Da sie die physikalischen Grundgesetze kennen, verstehen selbst diese Kinder, wie absurd die Behauptung ist, der Beschuss erfolge vonseiten der Ukraine.

Ein paar von ihnen haben Mathematikunterricht. Selbst ohne Taschenrechner können diese Kinder die Differenz berechnen zwischen der Anzahl von Angriffen, denen sie in den vergangenen drei Tagen ausgesetzt waren, und der Anzahl von Erwähnungen der Ukraine im diesjährigen Munich Security Report.[*]

Und ein paar von ihnen haben Geschichtsunterricht. Wenn da also ein Bombenkrater auf ihrem Schulhof ist, haben diese Kinder eine Frage: Hat die Welt die Fehler des zwanzigsten Jahrhunderts denn vergessen?

»Wohin führen Beschwichtigungsversuche?«, fragen diese Kinder. Sie kennen die französische Antikriegsparole »Sterben für Danzig?« und wissen, wie sie dazu führte, dass für Dünkirchen und Dutzende anderer Städte in Europa und der ganzen Welt gestorben werden musste. Sie wissen, dass eine Politik des Appeasement Zigmillionen Leben kostet.

Dies sind die Lehren der Geschichte. Wir alle haben die gleichen Bücher gelesen. Und so erkennen wir sicherlich alle, dass wir vor ernsten Fragen stehen.

Wie konnte es dazu kommen, dass sich Europa im einundzwanzigsten Jahrhundert erneut im Krieg befindet und Menschen sterben?

Wie konnte es dazu kommen, dass dieser Konflikt bereits länger dauert als der Zweite Weltkrieg?

Wie sind wir in die größte Sicherheitskrise seit dem Kalten Krieg geraten?

Für mich als Präsident eines Landes, das einen Teil seiner Gebiete, Tausende von Menschen verloren hat

---

[*] Der Bericht aus dem Jahr 2022 widmete eines von sieben Kapiteln der Sicherheit in Osteuropa.

und an dessen Grenzen sich heute sowohl 150 000 russische Soldaten als auch Ausrüstung und schwere Waffen befinden, liegt die Antwort auf der Hand.

Die Weltsicherheit ist instabil und muss neu ausgerichtet werden. Die Regeln, auf die sich die Welt vor Jahrzehnten geeinigt hat, funktionieren nicht mehr. Sie können mit den neuen Bedrohungen nicht mithalten und richten wenig aus zu ihrer Überwindung. Sie bieten einen Hustensaft, wenn das, was wir brauchen, eine Coronaimpfung ist.

Das Sicherheitssystem ist instabil. Es versagt immer wieder. Die Gründe sind vielfältig: Egoismus, Arroganz, die Verantwortungslosigkeit von Staaten auf globaler Ebene. Die Folge sind Verbrechen von den einen, Gleichgültigkeit von den anderen. Gleichgültigkeit, durch die man zum Mittäter wird.

Es hat Symbolcharakter, dass ich darüber auf der Münchner Sicherheitskonferenz nun spreche. Denn es war genau hier vor Ort, vor fünfzehn Jahren, als Russland ankündigte, die globale Sicherheitsordnung anfechten zu wollen.

Wie hat die Welt reagiert? Mit Appeasement.

Das Ergebnis? Die Annexion der Krim und Aggressionen gegen meinen Staat.

Die Vereinten Nationen, die Frieden und Weltsicherheit wahren sollen, können sich nicht selbst verteidigen: wenn ihre Charta missachtet wird; wenn eines der Mitglieder des Sicherheitsrats das Gebiet eines der Gründungsmitglieder der UNO annektiert. Und auch wenn die UNO die Krim-Plattform* ignoriert, deren Ziel es ist, die Besetzung friedlich zu beenden und die Rechte der Krimbewohner zu schützen.

Vor drei Jahren antwortete Angela Merkel hier vor diesem Publikum auf die Frage, wer die Trümmer der Weltordnung aufsammeln werde: »Nur wir alle zusammen.« Das Publikum spendete ihr Standing Ovations. Doch aus dem gemeinsamen Applaus erwuchs kein gemeinsames Handeln. Und jetzt, da die Welt über die Bedrohung eines großen Krieges spricht, stellt sich die Frage: Gibt es da noch etwas aufzusammeln? Die Sicherheitsarchitektur Europas und der ganzen Welt ist beinahe zerstört.

Es ist zu spät dafür, über Reparaturen nachzudenken. Es ist an der Zeit, ein neues System zu schaffen.

Zweimal stand die Menschheit bereits an dieser Stelle und bezahlte dafür einen zu hohen Preis: zwei Weltkriege. Heute haben wir die Möglichkeit, diese Entwicklung rückgängig zu machen, bevor sie sich zu einem beständigen Muster verhärtet. Das bedeutet, wir müssen ein neues System schaffen, bevor es Millionen von Opfern gibt. Mit den Lektionen des Ersten und Zweiten Weltkriegs im Hinterkopf, dürfen wir es – Gott bewahre – nicht zu einem Dritten kommen lassen.

Sowohl hier als auch auf dem Podium der UNO habe ich gesagt, im einundzwanzigsten Jahrhundert existiere

---

* Ein von der Ukraine einberufenes Gipfeltreffen mit dem Ziel, die Annexion der Halbinsel Krim mit diplomatischen Mitteln rückgängig zu machen.

so etwas wie ein »Auslandskrieg« nicht. Das bedeutet, alle müssen die Situation in der Ukraine ernst nehmen. Es bedeutet, dass die Annexion der Krim und der Krieg im Donbass jeden auf der ganzen Welt etwas angehen. Und es bedeutet auch anzuerkennen, dass dieser Krieg nicht nur in der Ukraine geführt wird, sondern in ganz Europa.

All das habe ich auf Gipfeln und Foren bereits 2019, 2020 und 2021 gesagt. Wird es der Welt gelingen, mich 2022 zu hören?

Im Angesicht der Bedrohung erwacht die Welt, ist aber noch nicht ganz zu sich gekommen. Wir brauchen mehr Taten, nicht nur Worte auf Twitter oder Stellungnahmen in den Medien. Und das braucht der Rest der Welt nicht weniger als die Ukraine.

Wir werden unser Land mit oder ohne Unterstützung unserer Partner verteidigen. Wir begrüßen jede Hilfe, egal, ob mehrere Hundert moderne Waffen oder 5000 Helme. Jedem sollte dabei jedoch klar sein, dass es sich hier weder um Spenden für wohltätige Zwecke handelt, um die die Ukraine bittet, noch um edle Gesten, für die sich die Ukraine zum Dank tief verneigen sollte. Es handelt sich um Ihren Beitrag für die Sicherheit Europas und der Welt.

Einer Welt, in der die Ukraine seit acht Jahren als Ihr verlässliches Schutzschild dient. Einer Welt, in der wir seit nunmehr zehn Jahren eine der größten Armeen zurückdrängen.

Heute steht jene Armee an unseren Grenzen, nicht an den Grenzen der EU. Grad-Raketen schlagen in Mariupol ein, nicht in europäischen Städten. Nach fast sechs Monaten anhaltender Gefechte war es der Flughafen Donezk, der zerstört wurde, nicht der Flughafen Frankfurt. Und in den letzten Tagen tobten Kämpfe im Industriegebiet der Stadt Awdijiwka, nicht am Montmartre.

Kein EU-Land kann ermessen, was es bedeutet, täglich in jeder Region Militärbegräbnisse abzuhalten. Und kein anderes europäisches Staatsoberhaupt kann ermessen, was es bedeutet, regelmäßig Hinterbliebene der Getöteten zu treffen.

Nichtsdestotrotz werden wir unser schönes Land verteidigen – egal, ob fünfzigtausend, hundertfünfzigtausend oder eine Million Soldaten an der Grenze stehen. Um der Ukraine wirklich zu helfen, muss man sich nicht den Kopf über die Anzahl russischer Soldaten zerbrechen und darüber, wie viel Kriegsgerät an der Grenze ist. Konzentrieren Sie sich lieber darauf, wie viele von uns dort sind.

Wir werden unser Land verteidigen, egal, ob der Einmarsch am 16. Februar beginnt, am 1. März oder 31. Dezember. Um der Ukraine wirklich zu helfen, sollte man nicht nur über den Zeitpunkt eines möglichen Einmarschs reden. Andere Fristen sind für uns weit wichtiger, und jeder der hier Anwesenden weiß ganz genau, worauf ich damit hinauswill.

Morgen begeht die Ukraine den Gedenktag der »Himmlischen Hundertschaft«.* Vor acht Jahren trafen die Ukra-

---

* Ukrainischer Feiertag, an dem der über hundert Menschen gedacht wird, die bei der Maidan-Revolution von 2014 starben.

inerinnen und Ukrainer ihre Wahl; viele opferten dafür ihr Leben. Warum muss die Ukraine von der EU weiterhin einfordern, ihre Entwicklung in Richtung Mitgliedschaft anzuerkennen?

Seit 2014 versucht Russland, die Ukraine davon zu überzeugen, dass sie den falschen Weg eingeschlagen hat, dass von Europa keine Unterstützung zu erwarten ist. Warum beweist Europa ihr nicht, dass Russland damit falsch liegt? Warum verkündet die EU nicht heute noch, dass ihre Bürger den Beitritt der Ukraine befürworten? Verdient die Ukraine keine direkten und ehrlichen Antworten? Die gleiche Frage gilt auch für die NATO. Die Tür stehe offen, sagt man uns. Doch bislang nur mit eingeschränktem Zutritt.

Wenn uns nicht alle Mitglieder der Allianz anerkennen wollen, dann seien Sie wenigstens ehrlich. Offene Türen sind gut. Doch was wir heute mehr als alles andere brauchen, sind offene Antworten.

»Möchten die Russen Krieg?«

Ansprache an das ukrainische und russische Volk
Kiew, 24. Februar 2022, 0.30 Uhr

Ukrainerinnen und Ukrainer, ich möchte mich kurz halten und offen mit Ihnen sein. Heute haben wir die Verteidigungskraft und Widerstandsfähigkeit unseres Staates gestärkt. Zur Unterstützung der Soldaten, die uns verteidigen, haben wir für dreißig Tage einen landesweiten Ausnahmezustand verhängt. Die Entscheidung wurde von 335 Abgeordneten im Parlament unterstützt.[*] Ein großes Verteidigungsbündnis hat seine Arbeit aufgenommen.

Darüber hinaus hat das Parlament ein Maßnahmenpaket zur Finanzierung des Verteidigungssektors verabschiedet. Morgen werden die Abgeordneten in die Regionen des Landes entsandt, um den Menschen Beistand zu leisten. Unsere internationalen Partner sind mobili-

---

[*] Das ukrainische Parlament umfasst 450 Sitze. Damit stimmten 190 Abgeordnete mehr für den Ausnahmezustand, als für die Mehrheit nötig gewesen wären.

siert, die Ukraine zu unterstützen … Außerdem habe ich Vertreter wichtiger ukrainischer Unternehmen getroffen. Sie alle bleiben mit ihrer Belegschaft in der Ukraine und arbeiten daran, das Land zu schützen. Dank all jenen, die der Ukraine helfen. Lassen Sie uns weiterhin zusammenarbeiten.

Und nun auf Russisch.[*] Heute versuchte ich, den Präsidenten der Russischen Föderation anzurufen. Ich stieß auf Stille. In einer gerechten Welt würde diese Stille im Donbass herrschen.

Heute möchte ich also an alle Bürger Russlands appellieren – nicht als Präsident, sondern als Bürger der Ukraine.

Wir sind durch mehr als zweitausend Kilometer gemeinsamer Grenze voneinander getrennt. Heute stehen Ihre Streitkräfte an dieser Grenze; beinahe zweihunderttausend Soldaten und Abertausende Militärfahrzeuge. Die Führungsriege Ihres Landes hat ihnen die Genehmigung erteilt, in das Gebiet eines anderen Landes einzumarschieren. Dieser Einmarsch könnte den Beginn eines großen Krieges auf dem europäischen Kontinent markieren.

Heute spricht die ganze Welt darüber, was wohl als Nächstes geschieht. Jede Provokation – der kleinste Funke – könnte alles niederbrennen. Ihnen wird gesagt, diese Flamme brächte dem ukrainischen Volk die Freiheit. Doch die Ukrainerinnen und Ukrainer sind bereits

---

[*] Von hier an spricht Selenskyj Russisch.

frei. Wir erinnern uns an unsere Vergangenheit und erschaffen uns unsere Zukunft selbst: erschaffen, nicht
zerstören sie, trotz allem, was Ihnen tagtäglich im Fernsehen erzählt wird.

Die Ukraine in Ihren Nachrichten und die Ukraine
im realen Leben sind zwei völlig verschiedene Länder.
Und der größte Unterschied dabei ist: Unsere Ukraine ist
echt.

Ihnen wird gesagt, wir seien Nazis. Wie kann ein
Land, das über acht Millionen Menschenleben im Kampf
gegen den Nationalsozialismus verlor, den Faschismus
unterstützen? Wie könnte ich ein Nazi sein? Erzählen Sie
das einmal meinem Großvater. Er kämpfte während des
gesamten Krieges als Infanterist für die Sowjetarmee und
starb als Oberst in einer unabhängigen Ukraine.

Ihnen wird gesagt, wir würden die russische Kultur
hassen. Wie ist es möglich, eine Kultur zu hassen? Nachbarn bereichern einander seit jeher kulturell. Dennoch
macht uns das nicht zu einer Einheit, heißt das nicht,
dass wir in euch aufgehen. Wir sind verschieden. Aber
das ist kein Grund, Feinde zu sein. Wir wollen unsere
Geschichte lediglich selbst erschaffen: friedlich, ruhig,
rechtschaffen.

Ihnen wird gesagt, ich werde zum Angriff auf den
Donbass blasen, alles willkürlich in Schutt und Asche
legen lassen. Das allerdings wirft ein paar Fragen auf:
Schießen, auf wen? Bombardieren, was? Donezk, eine
Stadt, die ich Dutzende Male besucht, deren Einwohnern
ich in die Augen gesehen habe? Die Artema-Straße, über

die ich mit Freunden schlenderte? Die Donbass-Arena, in der ich bei der Fußballeuropameisterschaft 2012 die ukrainische Mannschaft *gemeinsam mit den Einheimischen* anfeuerte? Den Shcherbakova-Park, in dem wir gemeinsam tranken, nachdem unsere Jungs verloren hatten? Das Haus in Luhansk, in dem die Mutter meines besten Freundes lebt? Den Friedhof, auf dem der Vater meines besten Freundes beerdigt ist?

Ich sage diese Worte auf Russisch. Stelle aber fest, dass niemand in Russland weiß, wovon ich rede. Diese Orte, Straßen, Namen, Ereignisse sind Ihnen alle fremd.

Wir kämpfen, weil das hier *unser* Land ist. *Unsere* Geschichte. Wofür werden *Sie* kämpfen?

Viele von Ihnen waren schon einmal in der Ukraine. Viele von Ihnen haben Verwandte in der Ukraine. Manche von Ihnen haben an ukrainischen Universitäten studiert und sich mit Ukrainern angefreundet.

Sie kennen unser Wesen. Unsere Leute. Unsere Prinzipien. Wissen, was uns wichtig ist. Bitte hören Sie auf sich selbst. Hören Sie auf die Stimme der Vernunft: den gesunden Menschenverstand.

Hören Sie uns an. Die Bevölkerung der Ukraine möchte Frieden. Die ukrainischen Autoritäten möchten Frieden. Wir möchten Frieden und werden alles dafür tun, ihn zu erlangen.

Wir sind nicht allein. Viele Länder unterstützen die Ukraine. Warum? Weil wir nicht von Frieden um jeden Preis sprechen. Wir sprechen sowohl von Frieden als auch von Prinzipien. Wir sprechen über Gerechtigkeit und internationales Gesetz. Über das Recht zur Selbstbestimmung, das Recht, über unsere Zukunft selbst zu entscheiden, das Recht auf Sicherheit und das Recht auf ein Leben ohne Angst.

Diese Prinzipien liegen uns am Herzen. Sie liegen dem Rest der Welt am Herzen. Und ich bin sicher, dass sie auch Ihnen am Herzen liegen.

Wir wissen vor allem eins: Wir brauchen keinen Krieg – weder einen kalten noch einen heißen noch einen dazwischen. Doch wenn wir angegriffen werden – wenn jemand versucht, uns unseres Landes zu berauben, unserer Freiheit, unserer Leben, der Leben unserer Kinder –, werden wir uns dagegen wehren. Und wenn Sie uns angreifen, sehen Sie unsere Gesichter, nicht unsere Rücken.

Krieg ist Elend und mit hohen Kosten verbunden. Menschen verlieren ihr Geld, ihren Ruf, ihre Lebensqualität. Sie verlieren ihre Freiheit. Doch am wichtigsten: Sie verlieren ihre Angehörigen – und sie verlieren sich selbst. Es mangelt an allem Guten, doch Schmerz, Schmutz, Blut und Tod gibt es im Übermaß. Es gibt Tausende – Abertausende – Tote.

Sie sagen, die Ukraine könnte für Russland zu einer Bedrohung werden. In der Vergangenheit war das nicht der Fall, es ist heute nicht der Fall und wird es auch nicht in Zukunft sein. Sie fordern Sicherheitsgarantien von der NATO. Und wir fordern Garantien für die Sicherheit der Ukraine: Garantien von Ihnen, von Russland und von den anderen Sicherheitsgaranten des Budapester Memorandums.

Heute finden wir uns außerhalb jeglicher Verteidigungsbündnisse. Dabei hängt die Sicherheit der Ukraine mit der Sicherheit unserer Nachbarn zusammen. Darum ist es wichtig, über die Sicherheit ganz Europas zu sprechen.

Doch unser wichtigstes Ziel ist Frieden in der Ukraine und die Sicherheit der Ukrainer. Um dieses Ziel zu erlangen, sind wir bereit, mit jedem in Dialog zu treten – in jeder Form und vor jedem Forum.

Krieg beraubt alle ihrer »Sicherheiten«. Letztlich wird Sicherheit für niemanden mehr garantiert.

Wer wird darunter am meisten leiden? Die Menschen.

Wer will das am allerwenigsten? Die Menschen.

Wer kann es abwenden? Die Menschen.

Gibt es solche Menschen unter Ihnen? Da bin ich mir sicher. Personen der Öffentlichkeit, Journalistinnen, Musiker, Schauspielerinnen, Athleten, Wissenschaftlerinnen, Ärzte, Bloggerinnen, Stand-up-Comedians, TikTokerinnen und viele andere. Männer, Frauen, alte Menschen, Kinder, Väter und – am wichtigsten – Mütter.

Genau wie die Menschen der Ukraine. Genau wie die Autoritäten der Ukraine, ungeachtet dessen, wie sehr sie auch versuchen mögen, Sie vom Gegenteil zu überzeugen.

Ich weiß, dass dieser Appell nicht im russischen Fernsehen übertragen wird. Dennoch müssen die Bürger Russlands ihn sehen. Sie müssen die Wahrheit kennen. Und zur Wahrheit gehört, dass diese Situation enden muss, bevor es zu spät ist.

Sollte sich die russische Führungsriege weigern, sich für Friedensgespräche mit uns an einen Tisch zu setzen, setzt sie sich vielleicht mit Ihnen zusammen.

Möchten die Russen Krieg? Zu gerne hätte ich auf diese Frage eine Antwort. Doch es ist an Ihnen zu antworten, den Bürgern der Russischen Föderation.

7

»Wir sind die Ukraine«

Ansprache an das ukrainische Volk
Kiew, 24. Februar 2022, 6.00 Uhr

Liebe Bürgerinnen und Bürger der Ukraine, heute Morgen hat Präsident Putin eine militärische Spezialoperation im Donbass angekündigt. Russland hat unsere militärische Infrastruktur und unsere Grenztruppen angegriffen. In zahlreichen Städten der Ukraine wurden Explosionen gehört. Wir haben das Kriegsrecht über unser Land verhängt.

Ich habe gerade mit Joe Biden telefoniert. Die Vereinigten Staaten haben bereits begonnen, internationale Unterstützung für unsere Sache zu organisieren.

Heute müssen Sie alle ruhig bleiben. Wenn Sie können, bleiben Sie bitte zu Hause.

Wir alle setzen uns aktiv dafür ein, das Land zu schützen. Die Armee setzt sich ein. Der gesamte Sicherheits- und Verteidigungssektor setzt sich ein.

Ich werde permanent mit Ihnen in Verbindung stehen. Wie auch der Nationale Sicherheits- und Verteidigungsrat der Ukraine und das Ministerkabinett der Ukraine.

Ich werde bald schon wieder zu Ihnen sprechen. Geraten Sie nicht in Panik. Wir sind stark. Wir sind zu allem bereit. Wir werden jeden bezwingen. Weil wir die Ukraine sind.

Ruhm der Ukraine.

8

»Ein Krieg gegen Europa«

Ansprache an die Menschen Europas
Kiew, 25. Februar 2022

Gestern sagte der deutsche Bundeskanzler Olaf Scholz, Russlands Invasion der Ukraine sei etwas, das Europa seit fünfundsiebzig Jahren nicht erlebt hat. Und das ist wahr. Es ist aber nicht die ganze Wahrheit.

Es handelt sich hier nicht nur um die russische Invasion der Ukraine. Es handelt sich um den Beginn eines Krieges gegen Europa. Eines Krieges gegen die Einheit Europas, gegen die Menschenrechte Europas, gegen das friedliche Miteinander der Länder Europas – und gegen die Tatsache, dass sich die europäischen Staaten weigern, Grenzfragen durch Gewalt zu lösen.

Heute ist der zweite Tag, an dem ukrainische Städte bombardiert werden. Europa hat bereits während des Zweiten Weltkriegs Panzerkolonnen und Luftangriffe erlebt. Einst sagten wir: »Nie wieder.« Aber hier sind wir wieder – heute im Jahr 2022, mehr als fünfundsiebzig Jahre nach dem Ende des Zweiten Weltkriegs.

Ich weiß, dass Europa das sehen kann. Was wir hingegen nicht sehen können – zumindest nicht richtig –, ist, was Sie gedenken, dagegen auszurichten. Wie werden Sie sich selbst verteidigen, wo Sie so lange gebraucht haben, die Ukraine zu verteidigen?

Wir sind dankbar für alles, was bereits getan wurde. Die Vereinigten Staaten, Kanada, das Vereinigte Königreich, die Europäische Union, Australien, Neuseeland haben Sanktionen gegen Russland verhängt – vor allem gegen die großen russischen Banken und Unternehmen und gegen Russlands Zugriff auf westliche Technologien.

Dennoch schießen russische Panzer weiterhin auf Wohnhäuser in unseren Städten. Bewaffnete Fahrzeuge greifen nach wie vor unsere Zivilisten an. Europa verfügt über ausreichend Waffen, diese Aggression zu stoppen. Was wird Europa außerdem tun?

Werden Sie einen Visa-Stopp für Russen verhängen? Russen von SWIFT ausschließen?* Wie wäre es damit, die Botschafter abzuziehen? Einem Ölembargo zuzustimmen? Eine Flugverbotszone einzurichten? All das sollte auf den Tisch kommen. Weil Russland eine Bedrohung für uns alle ist; für ganz Europa.

Sie können die Aggression nach wie vor stoppen. Aber Sie müssen sofort handeln.

Auch ganz gewöhnliche Menschen in jedem Land dieser Welt können ihren Teil beitragen. Versammeln Sie sich auf den Plätzen Ihrer Städte und fordern Sie Frieden

---

* Das internationale Telekommunikationsnetz, das von einem Großteil der Banken weltweit genutzt wird.

für die Ukraine – fordern Sie Frieden für Europa. Wir haben ein Recht darauf, und Sie haben ein Recht darauf.

Wenn Bomben auf Kiew fallen, fallen sie auf Europa. Wenn Raketen Ukrainer töten, töten sie Europäer. Mehr Schutz für die Ukraine bedeutet mehr Schutz für Europa und mehr Schutz für die demokratische Welt.

Die Staaten Europas haben keine Eile, entschlossen zu handeln. Jeder Europäer, der in der Hauptstadt seines Landes lebt, kann jedoch etwas beitragen. Gehen Sie zur ukrainischen Botschaft, und bieten Sie Ihre Unterstützung an. Fordern Sie Ihre Regierung auf, die Ukraine mit weiteren finanziellen und militärischen Mitteln zu unterstützen. Damit helfen Sie nicht nur uns, sondern sich selbst. Da es Europa hilft.

Wenn Sie Europäer sind und Kampferfahrung haben und das Zaudern der Politiker nicht länger mitansehen wollen, kommen Sie in die Ukraine; kommen Sie, um Europa zu schützen. Ihre Hilfe wird bitter benötigt.

Europäerinnen und Europäer, Sie sind bereits mit Gas erpresst worden. Sie wurden bereits beleidigt. Russland möchte Unfrieden stiften in Europa. Unfrieden unter denen, die es beherrschen will, so wie dies bereits in der Ukraine geschieht. Schützen Sie sich. Wie auch wir uns schützen.

Teil III

Unsere Stimme

*»Es genügt heute nicht mehr,
die Nation zu führen. Heute gilt es,
die Welt zu führen.«*

MIT SEINER REDE vor dem britischen Parlament am 8. März 2022 eröffnete Wolodymyr Selenskyj eine weitere Front im Krieg Russlands gegen die Ukraine: einen Kommunikationskrieg. In den sechs Monaten danach folgten über einhundert Reden vor Publikum auf der ganzen Welt. Auch wenn die Reden sich inhaltlich unterscheiden, ist die Botschaft immer dieselbe. Überall, vom US-Kongress bis zur israelischen Knesset, betonte Selenskyj die Notwendigkeit, der Ukraine militärische Unterstützung zu gewähren und Russland mit Sanktionen zu belegen, die Demokratie zu stärken und für die Freiheit einzutreten. Auf diese Weise verlieh Selenskyj dem ukrainischen Volk eine Stimme auf der Weltbühne.

9

»Die Ukraine strebte nicht nach Größe. Und doch wurde sie groß.«

Rede vor dem britischen Parlament
London (per Videoschaltung), 8. März 2022

Heute wende ich mich an die Bürger des Vereinigten Königreichs. Sie sind ein großes Volk mit einer großen Geschichte. Ich spreche als Bürger und Präsident eines ebenfalls großen Landes zu Ihnen, eines großen Landes mit einem Traum.

Ich möchte Ihnen von den letzten dreizehn Tagen des Krieges berichten. Eines Krieges, den wir nicht begonnen und den wir nicht gewollt haben, doch jetzt müssen wir diesen Krieg führen. Denn wir wollen nicht verlieren, was uns gehört: die Ukraine. So wie Sie einst das Ihre nicht verlieren wollten, als die Nazis einzumarschieren versuchten und Sie für Großbritannien kämpfen mussten.

Am ersten Tag um 4 Uhr morgens wurden Marschflugkörper auf uns abgefeuert. Alle wurden davon geweckt: jeder einzelne Mensch in der Ukraine, Kinder wie Erwachsene. Wir haben seither nicht mehr geschlafen.

Wir griffen zu den Waffen und wurden eine große Armee.

Am zweiten Tag wehrten wir Angriffe aus der Luft, zu Land und auf See ab. Die heldenhaften Grenzposten der Schlangeninsel im Schwarzen Meer zeigten allen, wie der Krieg enden wird. Als ein russisches Schiff forderte, unsere Jungs sollten die Waffen niederlegen, war die Antwort ein – nun, eine so deutliche Antwort, dass man sie vor dem Parlament nicht wiederholen kann.* In diesem Moment fühlten wir uns stark. Es war die Stärke eines Volkes, das seinem Angreifer Widerstand leisten wird, bis zum Ende.

Am dritten Tag schossen russische Truppen rücksichtslos auf Zivilisten und Wohngebäude. Sie setzten Artillerie ein und warfen Bomben. Das hat der Welt vollends gezeigt, wer wer ist: die eine Seite ein großes Volk, Bestien die andere.

Am vierten Tag nahmen wir die ersten Gefangenen. Doch wir verloren dabei nicht unsere Würde. Wir haben sie nicht misshandelt. Wir behandelten sie wie Menschen. Denn auch an diesem vierten Tag dieses schändlichen Krieges haben wir uns die Menschlichkeit bewahrt.

Am fünften Tag wurden die Versuche, uns zu terrorisieren, mehr als deutlich. Terror gegen große und Terror

---

* Von den russischen Truppen zur Kapitulation aufgefordert, antworteten die Soldaten auf der Schlangeninsel mit: »Russisches Kriegsschiff, fick dich.«

gegen kleine Städte; es regnete Bomben über Bomben, auf Häuser, auf Schulen, auf Krankenhäuser. Dieser Krieg ist ein Akt des Völkermords. Doch er hat uns nicht gebrochen, er hat uns mobilisiert und eine tiefe Wahrheit über die Welt gelehrt.

Am sechsten Tag schlugen russische Raketen in Babi Jar ein. Die Nazis hatten während des Zweiten Weltkriegs über einhunderttausend Menschen an diesem Ort getötet. Achtzig Jahre später greift Russland sie ein zweites Mal an und schändet so ihr Andenken.

Am siebten Tag mussten wir begreifen, dass die russischen Streitkräfte sogar Kirchen zerstören. Sie haben kein Verständnis für das Heilige und Große, so wie wir.

Am achten Tag sah die Welt zu, wie russische Panzer ein Atomkraftwerk beschossen, das größte in Europa. Da begann die Welt zu begreifen, dass der Krieg ein Akt des Terrors gegen uns alle ist: ein wahrhaft gewaltiger Terror.

Am neunten Tag endete eine parlamentarische Versammlung der NATO ohne das Ergebnis, das wir uns erhofft hatten, und ohne einen Beweis von Mut. Wir merkten, dass die Allianzen nicht funktionieren; sie können nicht einmal eine Flugverbotszone verhängen. Deshalb müssen die Sicherheitsgarantien in Europa von Grund auf neu aufgestellt werden.

Am zehnten Tag protestierten unbewaffnete Ukrainer überall in den besetzten Städten. Mit bloßen Händen hielten sie gepanzerte Fahrzeuge auf. Wir wurden unbesiegbar.

Am elften Tag wurden Kinder, Städte und Krankenhäuser mit Raketen beschossen. Kinder mussten aus einer Krebsstation evakuiert werden. Das war der Tag, an dem wir begriffen, dass alle Ukrainer zu Helden wurden. Hunderttausende, Kinder, Erwachsene, ganze Städte, zeigten Stärke.

Am zwölften Tag, als die Verluste in der Armee der Angreifer die Zahl von zehntausend Toten überschritten, war ein russischer General darunter. Das gab uns Zuversicht. Für jedes Verbrechen und für jeden schändlichen Befehl wird jemand zur Verantwortung gezogen – sei es vor dem Internationalen Strafgerichtshof oder durch ukrainische Waffen.

Am dreizehnten Tag starb im russisch besetzten Mariupol ein Kind, es war dehydriert. Die russischen Truppen ließen keine Lebensmittel und kein Wasser zu den Menschen durch. Sie blockierten die Versorgung, und die Menschen gerieten in Panik. Jeder soll die Wahrheit hören: In der Ukraine gibt es Menschen, die keinen Zugang zu Trinkwasser haben.

In diesen dreizehn Tagen wurden fünfzig Kinder getötet. Fünfzig Leben, die ganz hätten gelebt werden sollen, wurden uns geraubt.

Wir haben diesen Krieg nicht gewollt. Die Ukraine strebte nicht nach Größe. Und doch wurde die Ukraine groß in den vergangenen dreizehn Tagen.

Die Ukraine: ein Land, das Leben schützt, trotz des Terrors ihrer Besatzer. Ein Land, das die Freiheit verteidigt, trotz der Schläge von einer der größten Armeen der

Welt. Und ein Land, das sich selbst verteidigt, obwohl sein Luftraum noch immer offen ist für russische Raketen, Flugzeuge und Hubschrauber.

Nehmen Sie den berühmten Satz »Sein oder Nichtsein«. Das mag die Frage von vor dreizehn Tagen gewesen sein. Doch es ist längst keine Frage mehr. Unsere Antwort ist eindeutig: »Sein« und frei sein.

Ich möchte Sie an Sätze erinnern, die das Vereinigte Königreich schon einmal gehört hat, denn sie haben wieder Bedeutung gewonnen. »Wir werden bis zum Ende weitermachen … Wir werden kämpfen auf den Meeren und Ozeanen. Wir werden kämpfen in der Luft mit wachsender Zuversicht und wachsender Stärke. Wir werden unsere Insel verteidigen, koste es, was es wolle.

Wir werden an den Stränden kämpfen und an den Landungsplätzen, wir werden auf den Feldern und in den Straßen kämpfen, wir werden auf den Hügeln kämpfen.«

Und, füge ich hinzu, wir werden auf Abraumhalden und an den Ufern des Kalmius und des Dnjepr kämpfen.

Wir werden niemals aufgeben.

Wir sind dankbar für all Ihre Hilfe, und dankbar bin ich Ihnen, lieber Freund, Boris Johnson. Bitte erhöhen Sie den Druck auf Russland durch Sanktionen. Bitte erklären Sie dieses Land zu einem terroristischen Staat. Bitte stellen Sie sicher, dass der Luftraum über der Ukraine geschützt wird.

Bitte tun Sie, was der Bedeutung Ihres Landes angemessen ist.

10

»In den Frieden führen«

Rede vor dem US-Kongress
Washington, D. C., (per Videoschaltung),
16. März 2022

Russland hat mehr angegriffen als nur unser Land und unsere Städte. Russland begann einen brutalen Angriff auf unsere Werte.

Es setzte Panzer und Flugzeuge ein gegen unser Recht zu leben. Gegen unser Recht auf Freiheit und das Recht, unsere Zukunft selbst zu bestimmen. Und gegen unser Recht auf das Streben nach Glück. Russland führt einen Krieg gegen unsere Träume als Nation, Träume, die keine anderen sind als die Ihren.

Ich denke an das Mount Rushmore National Memorial, wo die Gesichter der größten Präsidenten Ihres Volkes in Stein gemeißelt sind. Es ehrt all jene, die das Fundament für das heutige Amerika geschaffen haben. Demokratie, Unabhängigkeit, Freiheit und eine Gesellschaft, die für alle sorgt, die fleißig arbeiten, ehrbar leben und das Gesetz respektieren. Das ukrainische Volk will nichts anderes auch für sich.

Liebe Freunde, in den Geschichtsbüchern Ihres Landes gibt es Seiten, die Sie verstehen lassen, was in der Ukraine geschieht. Denken Sie an den schrecklichen Morgen des 7. Dezember 1941: der Angriff auf Pearl Harbor. Erinnern Sie sich an das Gefühl, als der Himmel schwarz war von Fliegern, die Sie angriffen.

Denken Sie an den 11. September 2001, als das Böse Ihre Städte in Schlachtfelder zu verwandeln versuchte. Erinnern Sie sich daran, wie unschuldige Menschen aus der Luft angegriffen wurden, in einer Weise, die niemand vorausgesehen hatte und die niemand stoppen konnte.

Unser Staat erlebt dies jetzt Tag für Tag. Jede Nacht, seit drei Wochen – in Odessa und Charkiw, Tschernihiw und Sumy, Schytomyr und Lwiw, Mariupol und Dnipro – Russland hat den Himmel über der Ukraine in einen Ort des Todes verwandelt, der Tausende Menschen das Leben gekostet hat. Die russischen Truppen haben bereits an die tausend Raketen auf die Ukraine abgeschossen und unzählige Bomben abgeworfen. Es ist ein Terror, wie es ihn in Europa seit achtzig Jahren nicht mehr gegeben hat.

Ich bin hier, um die Welt zu bitten, eine Antwort auf diesen Terror zu geben. Ist das zu viel verlangt?

Wir bitten vor allem um eine Flugverbotszone. Damit wäre Russland nicht länger in der Lage, die friedlichen Städte unseres Landes Tag und Nacht zu terrorisieren. Wenn das zu viel ist, schlagen wir eine Alternative vor: Waffen. Sie wissen, welche Abwehrsysteme wir brauchen, und Sie wissen, wie viel davon abhängt, ob wir Flugzeuge einsetzen können. Dieselben Flugzeuge, die

Ihr Volk schützen – Ihre Freiheit –, können auch der Ukraine helfen, und sie können Europa helfen.

»I have a dream.« Jeder Amerikaner kennt diese Worte. Nun, heute sage ich: »I have a need« – »Ich brauche Unterstützung«. Denn heute bedeuten diese Worte für uns das Gleiche wie für Sie, wenn Sie diese Worte sprechen: »I have a dream.«

Sie sollten wissen, wie dankbar die Ukraine den Vereinigten Staaten für ihre überwältigende Hilfe ist. Für alles, was Ihre Nation und Ihr Volk bereits für unsere Freiheit getan haben. Für Waffen und Munition, für Ausbildung und finanzielle Unterstützung und für den ökonomischen Druck, den Sie auf unseren Aggressor ausüben. Ich bin Präsident Biden dankbar für sein aufrichtiges Eintreten für die Verteidigung der Ukraine und der Demokratie in der ganzen Welt. Und ich bin Ihnen dankbar für die Resolution, nach der alle, die Verbrechen gegen das ukrainische Volk begehen, als Kriegsverbrecher verstanden werden. Doch jetzt, in der dunkelsten Stunde unseres Landes, bitte ich Sie dringend, noch mehr zu tun …

Es genügt heute nicht mehr, die Nation zu führen.[*] Heute gilt es, die Welt zu führen. Und die Welt zu führen, bedeutet, in den Frieden zu führen.

Der Frieden in Ihrem Land hängt nicht mehr nur davon ab, was Ihnen und was Ihrem Volk geschieht. Er hängt ab von der Stärke Ihrer Verbündeten.

[*] Von hier an spricht Selenskyj Englisch.

Er hängt ab von Ihrem Mut und Ihrer Bereitschaft, für das Leben von Bürgerinnen und Bürgern auf der ganzen Welt zu kämpfen. Zu kämpfen für Menschenrechte und Freiheit; für das Recht auf ein würdiges Leben und für das Recht, nicht sterben zu müssen, bevor die Zeit dafür gekommen ist.

Er hängt davon ab, dass all dies nicht preisgegeben wird, sobald der Nachbar es bedroht.

Das ukrainische Volk verteidigt heute nicht nur die Ukraine. Wir kämpfen auch für die Werte Europas und der Welt, wir opfern unser Leben für eine bessere Zukunft.

Deshalb hilft das amerikanische Volk heute nicht allein der Ukraine, es hilft Europa und dem gesamten Planeten, Gerechtigkeit in unserer Welt zu wahren.

Ich bin jetzt fast fünfundvierzig Jahre alt. Und in den Wochen bis zum heutigen Tag haben die Herzen von mehr als hundert Kindern aufgehört zu schlagen. Ich sehe keinen Sinn in meinem Leben, wenn ich den Tod nicht verhindern kann.

Und so wende ich mich als Präsident meines Landes an Präsident Biden. Sie führen eine große Nation. Ich wünsche mir, dass Sie die Welt führen.

Die Welt zu führen, bedeutet, in den Frieden zu führen.

11

»Reißen Sie diese Mauer nieder!«

Während der drei Wochen, die der Krieg nun dauert, hat das ukrainische Volk sich von etwas überzeugen können, das wir zuvor nur vermutet hatten. Etwas, das Sie wahrscheinlich bislang noch nicht bemerkt haben.

Sie scheinen sich wieder hinter einer Mauer zu befinden. Es ist nicht die Berliner Mauer, aber eine Mauer mitten in Europa, zwischen Freiheit und Unfreiheit. Und diese Mauer wird immer stärker, mit jeder Bombe, die auf unseren Boden fällt. Mit jeder Entscheidung, die nicht getroffen wird für den Frieden.

Wie ist das möglich? Als wir Ihnen sagten, dass die Nord-Stream-Leitungen Waffen sind und der Vorbereitung auf einen großen Krieg dienen, hörten wir die Antwort: »Es geht hier nur um ›die Wirtschaft‹.«

Doch das war der Zement für eine neue Mauer.

Als wir Sie fragten, was die Ukraine tun muss, um NATO-Mitglied zu werden, in Sicherheit zu sein, Sicherheitsgarantien zu erhalten, hörten wir die Antwort:

»Diese Entscheidung steht weder jetzt noch in der näheren Zukunft zur Debatte.«

Genauso zögern Sie nun bei der Frage nach dem Beitritt der Ukraine zur Europäischen Union. Offen gesagt: Für manche ist es Politik. Doch in Wahrheit sind es Steine. Steine für eine neue Mauer.

Als wir um präventive Sanktionen baten, wandten wir uns an viele europäische Staaten, wandten wir uns an Sie. Und trafen auf Widerstand. Wir haben verstanden, dass Sie »die Wirtschaft« unterstützen wollten.

Derzeit sind die Handelsbeziehungen zwischen Ihnen und dem Staat, welcher erneut einen brutalen Krieg nach Europa brachte, der Stacheldraht auf der Mauer. Auf der neuen Mauer, die Europa spaltet.

Viele von Ihnen sehen nicht, was sich hinter dieser Mauer abspielt, die zwischen den Menschen in Europa steht. Und deshalb ist nicht allen klar, was wir in der Ukraine heute durchmachen.

Ich wende mich an Sie im Namen aller Ukrainer und im Namen der Bewohner von Mariupol – einer Stadt, welche die russischen Truppen eingekesselt und dem Erdboden gleichgemacht haben. Sie haben alles und alle in der Stadt zerstört. Hunderttausende Menschen werden rund um die Uhr beschossen. Vierundzwanzig Stunden am Tag ohne Nahrung, ohne Wasser, ohne Strom, ohne Telekommunikation. Wochenlang.

Die russischen Truppen unterscheiden nicht zwischen Zivilpersonen und Soldaten. Sie interessieren sich nicht für zivile Infrastruktur. Sie betrachten alles als Zielscheibe.

Ein Theater, in dem Hunderte Menschen Zuflucht gesucht hatten, wurde gestern bombardiert. Ebenso wie eine Geburtsklinik, ein Kinderkrankenhaus und viele Wohnviertel ohne jegliche militärische Anlagen. Die Russen lassen keine einzige humanitäre Lieferung in die Stadt durch. Seit fünf Tagen wird die Stadt pausenlos beschossen – so stellen die russischen Truppen sicher, dass keine Menschen gerettet werden können.

Sie könnten all das sehen, wenn Sie über diese Mauer klettern würden.

Bitte erinnern Sie sich daran, was die Berliner Luftbrücke für die Deutschen bedeutete. Sie war möglich, weil der Himmel sicher war. In unserem Land können wir heute nicht einmal eine Luftbrücke errichten. Vom Himmel kommen nur russische Raketen und Fliegerbomben.

Ich wende mich an Sie im Namen der älteren Ukrainer, der vielen, die den Zweiten Weltkrieg überlebt haben, die sich während der Besatzung vor achtzig Jahren retten konnten. Derjenigen, die Babi Jar überlebt haben.

Nach Babi Jar ist Ihr Präsident Frank-Walter Steinmeier im vergangenen Jahr gereist, zum achtzigsten Jahrestag der Tragödie. Nun schlugen dort russische Raketen ein.

Bei dem Luftangriff wurde eine Familie getötet, die auf dem Weg nach Babi Jar war, um das Holocaust-Denkmal zu besuchen. Sie wurde am selben Ort getötet wie ihre Vorfahren – nach achtzig Jahren.

Ich wende mich an Sie im Namen aller, die gehört haben, wie Politiker beteuerten: »Nie wieder!« Und die nun gesehen haben, dass diese Worte nichts wert sind. Denn erneut versucht man in Europa, ein ganzes Volk zu vernichten. Alles zu vernichten, wovon wir leben. Und wofür wir leben.

Ich wende mich an Sie im Namen unserer Soldaten, derjenigen, die unser Land verteidigen und dementsprechend auch die Werte, von denen häufig gesprochen wird – überall in Europa, auch bei Ihnen.

Freiheit und Gleichheit. Das Recht, selbstbestimmt zu leben. Ohne sich einem anderen Staat zu unterwerfen, welcher fremden Boden für seinen eigenen »Lebensraum« hält. Warum unterstützen so viele andere Staaten uns entschlossener als Sie?

Weil es eine Mauer gibt. Eine Mauer, die manche von Ihnen nicht bemerken, obwohl wir dagegenhämmern, während wir kämpfen, um unser Volk zu erhalten.

Mein Dank gilt allen Deutschen, die uns unterstützen. Den einfachen Deutschen, die von ganzem Herzen Ukrainern in Ihrem Land helfen. Journalistinnen und Journalisten, die ehrlich ihre Arbeit verrichten und all das Böse zeigen, das Russland über uns gebracht hat. Und den deutschen Unternehmen, die Moral und Menschlichkeit über die Bilanzen stellen, über »die Wirtschaft«.

Und ich danke den Politikern, die sich dennoch bemühen, diese Mauer zu durchbrechen. Denen das Leben ukrainischer Kinder wichtiger ist als russisches Geld. Die eine Verschärfung der Sanktionen unterstützen, welche der Ukraine und Europa Frieden garantieren könnte. Die wissen, dass ein Handelsembargo gegen Russland nötig ist …

Ich danke allen, die sich über jegliche Mauern erheben. Und denjenigen, die wissen, dass auf den Stärksten die größte Verantwortung lastet, wenn es um die Rettung von Menschen geht.

Es ist schwer für uns, ohne die Hilfe der Welt zu bestehen. Ohne Ihre Hilfe. Es ist schwer, ohne Ihre Unterstützung die Ukraine zu verteidigen, Europa zu verteidigen. Nachdem zum zweiten Mal innerhalb von achtzig Jahren Charkiw zerstört wurde. Nachdem zum zweiten Mal innerhalb von achtzig Jahren Tschernihiw, Sumy und der Donbass zerbombt wurden. Nachdem zum zweiten Mal innerhalb von achtzig Jahren Tausende von Menschen gefoltert und getötet wurden.

Denn was bedeutet sonst die historische Verantwortung für die Geschehnisse vor achtzig Jahren, die bis heute nicht gesühnt wurden? Wie wollen Sie verhindern, dass hinter dieser neuen Mauer erneut Schuld aufgehäuft wird – eine Schuld, die wiederum gesühnt werden müsste?

Ronald Reagan sagte einmal in Berlin: »Tear down this wall!« – »Reißen Sie diese Mauer nieder!«

Nun möchte ich Ihnen sagen: Herr Bundeskanzler Scholz! Reißen Sie diese Mauer nieder!

Geben Sie Deutschland die Führungsrolle, die es verdient und auf die Ihre Nachfahren stolz sein werden.

Unterstützen Sie uns.

Unterstützen Sie den Frieden.

Unterstützen Sie jede Ukrainerin und jeden Ukrainer.

Helfen Sie uns, den Krieg zu beenden.

12

»Gleichgültigkeit tötet«

Rede vor der israelischen Knesset
Jerusalem (per Videoschaltung), 20. März 2022

Ich möchte Sie zu Beginn an die Worte einer bedeutenden Frau aus Kiew erinnern, Golda Meir.[*] »Wir wollen am Leben bleiben. Unsere Nachbarn wollen unseren Tod. Das ist keine Frage, die Spielraum für Kompromisse lässt.«

Das sind berühmte Worte. Jede Jüdin und jeder Jude kennt sie. Und auch viele andere Ukrainer und sicher nicht wenige Russen.

So muss ich Sie wohl kaum davon überzeugen, wie verflochten die Geschichte von Ukrainern und Juden immer gewesen ist – in der Vergangenheit ebenso wie heute, in dieser entsetzlichen Zeit. Wir leben in verschiedenen Ländern und unter völlig anderen Bedingungen. Doch die Bedrohung ist die gleiche. In beiden Fällen die völlige Zerstörung eines Volkes, eines Staates, einer Kul-

---

[*] Israelische Politikerin (1898–1978), von 1969 bis 1974 Ministerpräsidentin Israels.

tur. Sogar unsere Namen wollen sie uns rauben: Ukraine, Israel.

Ich möchte, dass Sie nachvollziehen können, was wir empfinden. Denken Sie an den 24. Februar, den ersten Tag der russischen Invasion in die Ukraine. Es ist ein Tag, der zweimal in die Geschichte eingegangen ist, beide Male mit einer Tragödie. Einer Tragödie für die Menschen der Ukraine, für Jüdinnen und Juden; für Europa und für die Welt.

Am 24. Februar 1920 wurde in Deutschland die Nationalsozialistische Arbeiterpartei gegründet. Sie sollte fortan Millionen von Menschenleben fordern, ganze Länder zerstören – ja sogar versuchen, ganze Völker auszurotten.

Am 24. Februar 2022, genau 102 Jahre später, wurde der verbrecherische Befehl erteilt, die umfassende russische Invasion in die Ukraine zu starten. Diese Invasion hat Tausenden das Leben gekostet und Millionen Menschen obdachlos gemacht. Viele leben in Nachbarländern als Flüchtlinge: in Polen, der Slowakei, Rumänien, Deutschland, der Tschechischen Republik, den baltischen Staaten und Dutzenden anderer Staaten.

Unser Volk ist jetzt über die gesamte Welt verstreut. Es ist auf der Suche nach Sicherheit. Es ist auf der Suche nach Frieden. So wie Sie einst auf der Suche waren.

Die russische Invasion in der Ukraine ist nicht einfach eine Militäroperation, wie Moskau behauptet. Es ist ein großer, heimtückischer Krieg mit dem Ziel, ein Volk zu vernichten. Das Ziel ist, unsere Kinder und unsere Familien, unseren Staat und unsere Städte, unsere Dörfer und unsere Kultur zu zerstören: alles, was uns zu Ukrainern macht. Russische Truppen tun dies vorsätzlich und vor den Augen der gesamten Welt.

Deshalb darf ich diese Parallele ziehen. Unsere Geschichte und Ihre Geschichte. Unser Krieg ums Überleben und der Zweite Weltkrieg.

Hören Sie einfach, was der Kreml sagt. Sie verwenden Begriffe, die Ihnen schon begegnet sind. Als die Nazis Europa überfielen, wollten sie nicht nur Staaten erobern. Sie wollten alles zerstören und jeden, nichts sollte von Ihnen und uns zurückbleiben: weder ein Name noch eine Spur. Sie nannten das »die Endlösung der Judenfrage«. Sie erinnern sich daran, und ich weiß, dass Sie es niemals vergessen.

Doch hören Sie, welche Töne jetzt aus Moskau kommen. Vernehmen Sie die Wiederkehr dieser Worte »Endlösung«. Diesmal jedoch gilt sie uns, der »Ukrainefrage«.

Dies wurde bei einem Treffen in Moskau offen geäußert. Es ist auf offiziellen Websites verfügbar. Es wurde in russischen Staatsmedien zitiert. Sie sagen, ohne Krieg gegen uns zu führen, gäbe es keine »Endlösung« des angeblichen Problems ihrer eigenen Sicherheit.

Genau die gleichen Worte, wie sie auch vor achtzig Jahren verwendet wurden.

Volk von Israel, Sie haben die russischen Raketen auf Babi Jar gesehen. Sie wissen, was für ein Stück Land dies ist: Mehr als hunderttausend Opfer des Holocaust liegen dort begraben. In Kiew gibt es einen alten jüdischen

Friedhof. Auch dort schlugen russische Raketen ein. Am ersten Tag dieses Krieges trafen russische Geschosse unsere Stadt Uman. Diese Stadt wird jedes Jahr von Zehntausenden Israelis besucht, die zum Grab von Nachman von Breslow pilgern. Was wird von diesen Orten bleiben nach diesem schrecklichen Krieg?

Ich bin sicher, dass Ihnen jedes Wort meiner Rede Schmerzen bereitet. Denn Sie können nachfühlen, wovon ich spreche. Können Sie mir dann aber erklären, warum wir uns noch immer an die Welt wenden und um Hilfe bitten müssen? Wir bitten Sie nach wie vor um Ihre Unterstützung, und sei es nur die Erteilung von Einreisevisa.

Woran liegt das? Gleichgültigkeit? Berechnung? Oder der Wunsch zu vermitteln, um nicht Partei ergreifen zu müssen? Ich überlasse es Ihnen, diese Fragen zu beantworten. Doch erlauben Sie mir die eine Bemerkung: Gleichgültigkeit tötet. Berechnung kann gefährlich werden. Und vermitteln kann man nur zwischen Staaten, nicht zwischen Gut und Böse.

Jeder in Israel weiß, dass Sie über das beste Raketenabwehrsystem verfügen. Jeder auf Erden weiß, dass Ihre Waffen schlagkräftig sind. Sie wissen, wie Sie die Interessen Ihres Volkes verteidigen.

Und Sie können auch uns helfen, unser Leben zu schützen. Das Leben der Menschen in der Ukraine, das Leben ukrainischer Jüdinnen und Juden.

Ich kann Sie wieder und wieder fragen, warum Sie uns keine Waffen liefern können. Oder warum Israel gegen

Russland weder harte Sanktionen verhängt hat noch Druck auf die russische Wirtschaft ausübt. Es ist an Ihnen, liebe Brüder und Schwestern, eine Antwort zu wählen. Und das israelische Volk wird mit dieser Antwort leben müssen.

Die Menschen in der Ukraine haben ihre Wahl getroffen. Vor achtzig Jahren haben die Ukrainer Juden gerettet. Die Gerechten unter den Völkern leben deshalb noch immer in unserem Land.

Volk von Israel, nun stehen Sie vor einer solchen Wahl.

Teil IV

Unsere Nation

»Was erwirkt das Ende des Krieges?
Früher hätten wir gesagt ›der Frieden‹.
Heute sagen wir ›der Sieg‹.«

·

DER WIDERSTAND DER Ukraine hat die Welt überrascht. Die Regierung ist nicht zusammengebrochen. Der Präsident ist nicht geflohen. Und in etlichen Regionen des Landes drängte das ukrainische Militär die russischen Streitkräfte zurück. Doch diese Siege waren immer auch bitter. Mit jeder neuen Stadt, die befreit wurde, häuften sich die Beweise für russische Kriegsverbrechen. Dies war nicht nur ein Kampf von Armeen, es war ein Kampf der Werte. In seinen Reden ab April 2022 betont Selenskyj, wie diese Werte die Ukrainerinnen und Ukrainer als Nation zusammengeführt haben. Putin hatte versucht, ein Volk zu zerstören, es ist ihm missglückt. Aus den Trümmern des Krieges ging die Ukraine kämpferischer und geeinter hervor denn je. »Nicht eine neugeborene Nation, sondern eine wiedergeborene.«

13

»Wie konnte es so weit kommen?«

Ansprache an das ukrainische Volk
Kiew, 3. April 2022

Meine Ansprache heute beginnt ohne Gruß. Ich möchte nicht mehr Worte verlieren als nötig.

Präsidenten zeichnen solche Ansprachen normalerweise nicht auf. Doch ich habe heute keine andere Wahl nach dem, was in Butscha und anderen Städten, aus denen die Besatzer vertrieben wurden, offenbar wurde. Hunderte getötete Menschen. Gefolterte und exekutierte Zivilisten. Leichen auf den Straßen. Landminen im gesamten Ort verstreut, sogar in Leichen versteckt. Überall sichtbare Spuren von Plünderungen.

Das geballte Böse kam über unser Land. Wir wurden von Mördern, Folterknechten, Vergewaltigern und Plünderern überfallen. Menschen, die sich als Armee bezeichnen und den Tod verdienen für das, was sie getan haben.

Ich will, dass die Mütter eines jeden russischen Soldaten die Leichen der getöteten Menschen in Butscha, in Irpin, in Hostomel sehen. Was haben sie falsch gemacht? Warum wurden sie getötet?

Was hat dieser Mann, der mit seinem Fahrrad eine Straße entlangfuhr, getan? Oder gewöhnliche Zivilisten in einer friedlichen Stadt, die zu Tode gefoltert wurden? Warum wurden Frauen erdrosselt, nachdem man ihnen die Ohrringe herausgerissen hatte? Warum wurden Frauen vor den Augen ihrer Kinder vergewaltigt und umgebracht? Warum wurden ihre Leichen geschändet? Warum wurden menschliche Körper von Panzern zerquetscht?

Was hat Butscha Russland getan? Wie konnte es so weit kommen?

Russische Mütter: Selbst, wenn Sie Plünderer großgezogen haben, wie aber sind sie dann auch zu Schlächtern geworden? Es kann Ihnen nicht entgangen sein, was in den Köpfen Ihrer Kinder vorgeht. Den Mangel an Menschlichkeit können Sie nicht übersehen haben. Dass Menschen ohne Herz und ohne Seele aus ihnen wurden. Menschen, die vorsätzlich und mit Freude töten.

Ich will, dass die Führer der Russischen Föderation sehen, wie ihre Befehle umgesetzt werden. Auch sie tragen die Verantwortung. Sie sind schuld an den von Sprengstoff abgerissenen Armen und an den Menschen, die mit gefesselten Händen von hinten durch Kopfschuss getötet wurden.

Das ist jetzt das Bild von Russland. So werden Sie gesehen. Ihre Kultur und Ihre Menschlichkeit starben mit den Ukrainerinnen und Ukrainern, die Sie getötet haben.

Ich habe die Schaffung einer Sonderstrafverfolgung in der Ukraine verabschiedet. Sie stützt sich auf gemeinsame Bemühungen nationaler und internationaler Experten, Ermittler, Staatsanwälte und Richter und wird jedem von den Besatzern auf ukrainischem Territorium begangenen Verbrechen nachgehen. Und sie wird alle zur Rechenschaft ziehen, die an diesem schrecklichen Krieg gegen die Ukraine beteiligt waren. Das Außenministerium, die Generalstaatsanwaltschaft, die Polizei, der Sicherheitsdienst, der Nachrichtendienst und andere Behörden werden alle Anstrengungen unternehmen, um sicherzustellen, dass die Sonderstrafverfolgung sofort einsatzbereit ist. Ich rufe alle Bürger und Freunde der Ukraine in der ganzen Welt auf, sich daran zu beteiligen und uns zu helfen, für Gerechtigkeit zu sorgen.

Kriegsverbrechen gibt es überall auf der Welt, begangen aus den verschiedensten Anlässen und auf allen Kontinenten. Aber wir müssen dafür sorgen, dass dieses Übel, die Kriegsverbrechen des russischen Militärs, die Erde zum letzten Mal heimsucht. Jeder, der sich solcher Verbrechen schuldig macht, wird im »Buch der Folterungen«* verzeichnet. Man wird alle finden und bestrafen.

Ukrainerinnen und Ukrainer, wir haben den Feind aus vielen Landesteilen vertrieben. Doch die Russen besetzen immer weitere. Und wenn sie vertrieben sind, wird nur noch Schrecklicheres aufgedeckt: noch mehr Tote, noch mehr Folteropfer. Das ist das Gesicht des rus-

---

* Datenbank zur Sammlung von Informationen über Kriegsverbrechen, die während der russischen Invasion begangen wurden.

sischen Militärs. Bastarde, sie können nicht anders. Sie folgen ihren Befehlen.

Die Verbündeten der Ukraine werden in allen Einzelheiten darüber in Kenntnis gesetzt, was in den vorübergehend besetzten Gebieten geschah. Die Kriegsverbrechen in Butscha und an anderen Orten während der russischen Besetzung werden am Dienstag vor den UN-Sicherheitsrat gebracht. Dort wird sehr wahrscheinlich auch ein neues Sanktionspaket gegen Russland geschnürt.

Doch das ist nicht genug. Wir müssen stärkere Konsequenzen ziehen: nicht nur, was Russland betrifft, sondern auch den politischen Kontext, der es ermöglicht hat, dass dieses Übel über unser Land kam.

Heute jährt sich der NATO-Gipfel in Bukarest zum vierzehnten Mal. Auf jenem Gipfel bestand die Chance, die Ukraine aus der »Grauzone« Osteuropas herauszuführen.* Der »Grauzone« zwischen der NATO und Russland. Der »Grauzone«, in der Moskau glaubt, frei schalten und walten, ja sogar grausamste Kriegsverbrechen begehen zu können.

Bei den Gesprächen über eine NATO-Mitgliedschaft der Ukraine 2008 wurde der eigentliche Grund der Ablehnung durch das Bündnis verschwiegen. Man glaubte, Russland besänftigen zu können, indem man der Ukraine den Beitritt verwehrt; Russland zu überzeugen, die

---

* Auf dem NATO-Gipfel 2008 in Bukarest wurde eine Aufnahme der Ukraine in die NATO diskutiert, doch die Entscheidung wurde immer wieder verschoben.

Ukraine zu respektieren und friedlich an unserer Seite zu leben.

In den vierzehn Jahren, die dieser Fehleinschätzung folgten, erlebte die Ukraine eine Revolution und acht Jahre Krieg im Donbass. Heute kämpfen wir im schrecklichsten Konflikt in Europa seit dem Zweiten Weltkrieg um unser Leben. Ich lade Frau Merkel und Herrn Sarkozy ein, Butscha zu besuchen. Sie sollen kommen und sich ansehen, wozu ihre Konzessionen an Russland vierzehn Jahre später geführt haben. Kommen Sie, und sehen Sie sich die gefolterten Menschen mit eigenen Augen an.

Missverstehen Sie mich nicht. Wir geben nicht dem Westen die Schuld. Wir geben niemandem die Schuld außer den russischen Militärs, die dies getan, und den Leuten, die ihnen die Befehle dazu erteilt haben. Doch wir haben das Recht, über die Unentschlossenheit zu sprechen und den Weg nachzuzeichnen, der nach Butscha, nach Hostomel, nach Charkiw und Mariupol führte.

Denn wir sind entschlossen. Egal, ob wir in einem Verteidigungsbündnis sind oder alleine stehen, eines wissen wir: Wir müssen stark sein.

Vor vierzehn Jahren in Bukarest behaupteten die Russen dem Westen gegenüber, es gebe keine Ukraine als Staat.* Doch wir haben bewiesen, dass es sie gibt. Es gibt dieses Land schon lange, und es wird es noch lange geben.

---

* Anspielung auf das Treffen von Wladimir Putin mit den Staats- und Regierungschefs der NATO auf dem Gipfel in Bukarest 2008.

Sie sollen wissen, dass wir uns nicht hinter der Stärke der mächtigsten Nationen der Welt verstecken werden. Wir werden niemanden anbetteln. Wir sollten nicht um Unterstützung mit Waffen bitten müssen, die uns vor dem Bösen schützen, das in unser Land kam. Die notwendigen Waffen hätten uns alle zur Verfügung gestellt werden müssen, ohne dass wir darum hätten bitten müssen. Die Welt hätte sehen müssen, welches Unheil über sie kam und welches Grauen damit einherging.

Wir begreifen, was in diesem Krieg auf dem Spiel steht. Wir wissen, was wir verteidigen.

Auf der einen Seite stehen die moralischen und professionellen Maßstäbe der ukrainischen Armee. Es ist eine Armee mit allerhöchsten Prinzipien: Viele andere Armeen können von ihr lernen. Es sind die Maßstäbe des ukrainischen Volkes.

Auf der anderen Seite stehen die Maßstäbe der russischen Besatzer. Es ist der Unterschied zwischen Gut und Böse. Der Unterschied zwischen Europa und einem schwarzen Loch, das alles mit hinabziehen will ins Dunkle.

Wir werden diesen Krieg gewinnen. Auch wenn einzelne Politiker nicht in der Lage sind, ihre Unentschlossenheit zu überwinden, sei es jetzt oder in Zukunft. Schon arbeiten wir daran, Butscha wieder ins Leben zurückzubringen: die Strom- und Wasserversorgung wiederherzustellen, die medizinischen Einrichtungen wieder instand zu setzen, die Infrastruktur wiederaufzubauen, den Menschen wieder Sicherheit zu geben.

Russland wurde vertrieben, und die Ukraine kommt zurück. Und sie bringt das Leben zurück.

Heute habe ich verwundete Soldaten in einem Krankenhaus des ukrainischen Grenzschutzes besucht. Ich habe allen acht eine staatliche Auszeichnung verliehen. Auch einen Sanitätsoffizier habe ich ausgezeichnet, einen führenden ukrainischen Militärunfallchirurgen, der schon so vielen unserer Verteidiger das Leben gerettet hat. Insgesamt erhielten einundvierzig Grenzsoldaten Auszeichnungen.

Es waren die Soldaten des Grenzschutzes, die sich als Erste zur Wehr setzten, als die Offensive am 24. Februar begann. Jetzt, nachdem wir die Besatzer vertrieben haben, kehren unsere Truppen wieder an die Staatsgrenze zurück.

Ich weiß, dass die Zeit kommen wird, da die gesamte Staatsgrenze der Ukraine wiederhergestellt sein wird. Und damit dies bald geschieht, müssen wir alle das Ziel im Auge behalten. Wir müssen bereit sein, dem Bösen die Stirn zu bieten. Und wir müssen darauf vorbereitet sein, auf jeden kriminellen Akt gegen die Ukraine, unser Volk und unsere Freiheit zu reagieren.

Das Böse wird bestraft.

14

»Gott schütze die Ukraine«

Osteransprache
Kiew, 24. April 2022

Heute ist ein großer Feiertag, und ich bin an einem bedeutenden Ort: der Sophienkathedrale. Ihr Bau wurde vor tausend Jahren begonnen, sie steht an der Stelle, wo die Kiewer Rus die Petschenegen besiegte.* Sie wurde weder beim Einfall der Mongolen noch während der Besetzung durch die Nazis zerstört. Sie widerstand allem.

Heute glauben wir an einen neuen Sieg der Ukraine. Wir glauben, dass wir auch dieses Mal von einer Invasion des Bösen nicht zerstört werden.

Wir durchleben dunkle Zeiten. Obwohl heute der Tag des Lichts ist, tragen die meisten von uns nicht ihre bunten Kleider. Doch wir kämpfen für das Licht. Wir kämpfen für die Wahrheit. Und dabei haben wir Gott und das Licht des Himmels auf unserer Seite.

---

* Die Kiewer Rus, ein mittelalterlicher Staat mit Kiew als Zentrum, lag während eines Großteils des neunten und zehnten Jahrhunderts mit dem Volk der Petschenegen im Krieg. Im Jahr 968 belagerten die Petschenegen Kiew erfolglos.

Über mir ist das Bild der Oranta, der Schutzpatronin der Menschheit.* Sie steht hier, auf der unzerstörbaren Wand, der wichtigsten Festung unserer Nation, Kiew … Über dem Bild der Oranta stehen Worte aus den Psalmen. »Gott ist in ihrer Mitte, darum wird sie niemals wanken; / Gott hilft ihr, wenn der Morgen anbricht.« Heute glauben wir alle, dass unsere Morgendämmerung bald kommt.

»Oranta« bedeutet »die Betende«. Wir haben alle gebetet in den vergangenen zwei Monaten. Die Auferstehung Christi symbolisiert den Sieg des Lebens über den Tod. Und heute beten wir alle genau dafür. Wir bitten Gott, schütze die Ukraine.

Schütze die, die uns beschützen: unser Militär, unsere Nationalgarde, unseren Grenzschutz, unsere Landesverteidigung, unsere Nachrichtendienste. Schütze sie, die Krieger des Lichts.

Hilf denen, die ihnen helfen: unseren Freiwilligen und jedem, der sich um die Ukraine sorgt, hier und auf der ganzen Welt …

Schütze das Leben derer, die das Leben anderer schützen: unserer Sanitäter, unserer Feuerwehrleute, unserer Rettungsdienste, unserer Pioniere. Lass das Leben nicht nur ein Ostersymbol sein. Lass das Leben die Schlacht gegen den Tod gewinnen, an jedem Tag in diesem Jahr.

---

* Mosaik der betenden Jungfrau Maria, der Maria Orans, in der Sophienkathedrale. Das Bildnis befindet sich auf der »unzerstörbaren Wand« der Kathedrale; der Legende nach ist Kiew unbesiegbar, solange die Arme der Gottesmutter erhoben sind.

Blicke auf unsere Mütter. Schenke Ausdauer denen, die auf ihren Sohn, auf ihre Tochter warten, dass sie heimkehren vom Krieg. Schenke innere Stärke denen, die ihre Kinder an der Front verloren haben. Schenke Kraft denen, die ihre Kinder in den friedlichen Städten und Dörfern verloren haben, in die Russland den Tod gebracht hat.

Schenke unseren Großmüttern noch viele gesunde Jahre. Schenke ihnen die Gnade, ihre Lieben wiederzusehen. Sieg und Frieden zu erleben. Gerechtigkeit zu erleben. Und ein glückliches Alter zu erleben, das die Angreifer ihnen zu rauben versuchen. Statt Schals und Pullover für ihre Enkel zu stricken, knüpfen sie Tarnnetze.

Schütze unsere Väter und Großväter. Die Männer, die ihren Enkeln einst vom letzten Krieg erzählten und sie nun in einen neuen schicken müssen. Die Männer, die dieses Land erbaut haben und nun zusehen müssen, wie es zerstört wird. Lass sie unser Land sehen, wenn es befreit und wiederaufgebaut sein wird, und schenke uns die Kraft, es wiederaufzubauen.

Behüte unsere Kinder. Schenke allen Jungen und Mädchen eine glückliche Kindheit, glückliche Erwachsenenjahre und ein glückliches Alter – ein Leben, das lang genug währt, um sich von den schrecklichen Kindheitserinnerungen an den Krieg zu befreien. Die schrecklichen Spiele, die zu spielen sie gezwungen wurden, haben keinen Platz im Leben eines Kindes: Verstecken, nur dass sie sich vor Bomben verstecken. Sie rennen nicht auf dem Spielplatz, sondern um sich vor Schüssen zu schützen. Sie reisen quer durchs Land, aber nicht zu einem Ferienort, sondern weg von ihrem zerstörten Zuhause.

Schütze die Ukrainerinnen und Ukrainer. Wir haben niemanden angegriffen, bitte verteidige uns. Wir haben nie eine fremde Nation zerstört, lass es nicht zu, dass wir zerstört werden. Wir haben uns nie das Land anderer angeeignet, lass es nicht zu, dass jemand das unsere in Besitz nimmt.

Und schütze die Ukraine. Schütze uns rechts und links des Dnjepr. Denn als der Winter endete, kam kein Frühling. Die Kälte des Winters zog in unsere Häuser, und die Morgendämmerung brachte uns nichts als Dunkelheit.

Gott, wir wissen, dass du die Taten derer nicht vergisst, die deine Gebote missachtet haben. Wir wissen, dass du die Grausamkeiten von Butscha, Irpin, Borodjanka und Hostomel nicht vergessen wirst. Und wir wissen, dass du diejenigen nicht vergessen wirst, die die brutalen Verbrechen überlebt haben. Schenke ihnen und allen Menschen der Ukraine Freude.

Wir wissen, dass du den Lärm der Bomben nicht vergessen wirst, die auf Tschernihiw, Mykolajiw, Cherson, Sumy, Charkiw, Isjum, Kramatorsk und Wolnowacha und Popasna gefallen sind. Lass diese Städte stattdessen den Klang des ukrainischen Sieges hören.

Wir wissen, dass du Mariupol und seine heldenhaften Verteidiger nicht vergessen wirst. Die Angreifer haben vielleicht die Mauern der Stadt zerstört, aber sie können ihr Fundament nicht zerstören: die Moral unserer Kämpfer, die Moral des gesamten Landes.

Heute sehen wir die entsetzlichen Bilder des Krieges. Doch lass uns bald wieder die glücklichen Bilder des Friedens sehen.

Heute gehen wir durch die härteste aller Prüfungen. Doch lass uns bald zu einem gerechten Ende kommen: zur Rückkehr von Leben, Glück und Wohlstand in die Ukraine.

Heute sind unsere Herzen voll erbitterten Zorns, und unsere Seelen brodeln vor Hass auf die Angreifer. Doch lass nicht zu, dass diese Wut uns von innen zerstört. Verwandle sie in Siege nach außen. Verwandle unsere Wut in eine Kraft, mit der wir das Böse besiegen können.

Bewahre uns vor Zwietracht und Spaltung. Lass uns unseren Zusammenhalt nicht verlieren.

Stärke unseren Willen und unseren Geist. Lass nicht zu, dass wir uns selbst verlieren.

Lass uns unsere Sehnsucht nach Freiheit nicht verlieren. Und lass uns nicht die Leidenschaft für den gerechten Kampf verlieren. Lass uns nicht die Hoffnung auf den Sieg, unser Selbstvertrauen und unsere Freiheit verlieren.

Lass uns die Ukraine nicht verlieren. Lass uns unseren Glauben nicht verlieren.

Ukrainerinnen und Ukrainer, letztes Jahr haben wir Ostern wegen der Pandemie zu Hause gefeiert. Dieses Jahr können wir ein weiteres Mal die Auferstehungsfeier nicht begehen wie gewohnt. Jetzt hat uns ein anderes Virus befallen: die Pest des Krieges.

Doch ihr müsst wissen, dass die Krankheit im letzten Jahr und die in diesem eine Wahrheit teilen: Nichts kann die Ukraine besiegen. Und so schenkt uns dieser große Feiertag Hoffnung.

Er schenkt uns den Glauben, dass das Licht die Finsternis, das Gute das Böse und das Leben den Tod besiegen wird. Und er schenkt uns den Glauben, dass die Ukraine siegen wird.

15

»Nie wieder?«

Ansprache zum ukrainischen Tag des Gedenkens
und der Versöhnung
Borodjanka, 8. Mai 2022

Ist das möglich, ein Frühling ganz in Schwarz-Weiß?

Ist das möglich, Februarkälte, die nicht mehr weicht?

Ist das möglich, Worte des Friedens, die ihren Sinn verlieren?

Die Ukraine weiß, dass die Antwort auf all diese Fragen »Ja« heißen kann.

Jedes Jahr am 8. Mai ehren wir in Gemeinschaft mit der gesamten zivilisierten Welt all jene, die den Planeten im Zweiten Weltkrieg gegen den Nationalsozialismus verteidigten. Wir gedenken der Millionen von Menschenleben, die ihm zum Opfer fielen, der verstümmelten Schicksale, der gequälten Seelen.

Wir erinnern an die Millionen von Gründen, dem Bösen zu sagen: »Nie wieder!«

Wir haben längst begriffen, welchen Preis unsere Vorfahren gezahlt haben, damit wir diese Worte sprechen können. Wir haben längst begriffen, wie wichtig es ist, sie zu bewahren und an die nächste Generation weiterzugeben. Aber wir hatten keine Ahnung, bis heute, dass unsere Generation Zeuge davon wird, dass diese Worte entweiht werden.

Wie sich herausstellt, sind sie nicht für alle Worte der Wahrheit.

Dieses Jahr sprechen wir unser »Nie wieder« anders. Wir hören das »Nie wieder« anders. Es klingt qualvoll, grausam – jetzt ohne das Ausrufezeichen, sondern mit einem Fragezeichen versehen. Ihr sagt: »Nie wieder«? Erzählt das mal dem ukrainischen Volk.

Am 24. Februar wurde das Wort »nie« ausradiert. Es wurde von Hunderten Raketen um 4 Uhr morgens beschossen und zerbombt und hat die gesamte Ukraine aus dem Schlaf gerissen. Danach hörten wir nur noch das Eine: »wieder«.

Die Stadt Borodjanka ist eines von vielen Opfern dieses Verbrechens. Ich stehe bei dieser Ansprache vor dem Beweis. Dies ist weder eine militärische Einrichtung noch ein geheimer Stützpunkt, sondern ein einfacher neunstöckiger Wohnblock. Kann dieser Wohnblock Russlands Sicherheit bedrohen? Für eine Nation, die ein Achtel der Landmasse des Planeten einnimmt, für die zweitgrößte Armee der Welt, für eine Atommacht? Gibt es eine absurdere Frage?

Führen Sie sich die 250-Kilo-Bomben vor Augen, mit denen eine Supermacht diese kleine Stadt beschoss. In diesem Augenblick verstummte die Stadt. Heute kann sie nicht sagen: »Nie wieder!« Sie kann heute gar nichts mehr sagen. Und gerade hier ist doch alles klar, ganz ohne Worte.

Blicken Sie auf dieses Haus. Hier standen Wände. Die Wände trugen einmal die Fotos derer, die durch die Hölle des Krieges gegangen waren. Die fünfzig Männer aus dieser Stadt, die zur Zwangsarbeit nach Deutschland geschickt wurden. Die Menschen, die lebendig verbrannten, als die Nazis hier hundert Häuser in Brand setzten. Die zweihundertfünfzig Soldaten von den tausend Einwohnern Borodjankas, die im Zweiten Weltkrieg an der Front starben, die gegen den Nationalsozialismus kämpften und ihn besiegten.

Sie kämpften, um sagen zu können: »Nie wieder!«

Sie kämpften für die Zukunft ihrer Kinder.

Sie kämpften für das Leben, das wir hier hatten, bis zum 24. Februar.

Stellen Sie sich die Menschen vor aus diesen Wohnungen, wie sie abends zu Bett gehen. Stellen Sie sich vor, wie sie einander eine gute Nacht wünschen, das Licht löschen und ihre Lieben umarmen.

Sie schlossen ihre Augen und schliefen ein. Sie wussten nicht, dass nicht alle von ihnen ein Morgen erleben würden.

Sie schliefen tief und träumten. Sie wussten nicht, dass sie in wenigen Stunden von Raketen geweckt und manche von ihnen gar nicht mehr wach würden.

»Nie wieder«? Jetzt ist das Wörtchen »nie« fallen gelassen worden. Es wurde von der sogenannten »Spezialoperation« getilgt. Russland sah uns in die Augen und stieß das Messer ins Herz des »Nie wieder« … Bis die Ungeheuer unserer Vergangenheit wiederauferstanden.

Die Ukraine hat die Besetzung ihrer Städte vor achtzig Jahren nicht vergessen. Viele erleben eine zweite Besetzung; manche, so wie Mariupol, eine dritte. Während ihrer zweijährigen Besetzung töteten die Nazis dort zehntausend Zivilisten. In zwei Monaten Besetzung tötete Russland zwanzigtausend.

Jahrzehnte nach dem Zweiten Weltkrieg kehrte die Dunkelheit in die Ukraine zurück.

Unsere Städte haben die Farbe verloren und sind nun wieder schwarz-weiß.

Das Böse ist zurückgekehrt. In anderer Uniform, mit anderen Parolen, doch mit demselben Ziel.

In der Ukraine findet eine blutige Rekonstruktion des Nationalsozialismus statt. Eine Rekonstruktion alter Ideen, alter Vorgehensweisen, Parolen und Symbole. Eine Rekonstruktion seiner Grausamkeiten, des Versuchs, dem Bösen einen legitimen Zweck zu verleihen. Manchmal gar versucht die Rekonstruktion noch ihre »Lehrmeister« zu übertreffen, um das allergrößte Übel der Menschheit zu werden. Man will einen neuen Rekord aufstellen in Fremdenfeindlichkeit, Hass und Rassismus und in der Zahl der Opfer, die man treffen kann.

»Nie wieder«? Das war die Hymne einer zivilisierten Welt. Doch jemand hat sie falsch gesungen. Sie entweihten die Melodie des »Nie wieder« mit Klängen des Zweifels. Und irgendwann verstummte das Lied des »Nie wieder«.

Heute nun müssen alle Länder, die das Naziregime dirckt erfahren haben, ein schreckliches Déjà-vu erleben. Nationen, die als »minderwertig«, als Sklaven ohne Recht auf einen eigenen Staat, als Menschen, denen man jegliches Existenzrecht abgesprochen hat, gebrandmarkt wurden. Sie sehen die Schrecken ihrer Vergangenheit wieder an die Oberfläche kommen.

Sie hören Worte, mit denen die eine Nation verherrlicht und andere ausgemerzt werden; die behaupten, dass euer Volk nicht wirklich existiert und ihr daher auch keine Rechte habt. Sie hören von Neuem die Sprache des Bösen.

Und gemeinsam werden diese Länder sich einer schmerzhaften Wahrheit bewusst. Dass unser »Nie wieder« nicht einmal ein Jahrhundert Bestand hatte. Nur siebenundsiebzig Jahre hielten wir durch. Wir haben das Böse nicht bemerkt, als es wiederauferstand.

Alle Länder, die die Ukraine heute unterstützen, haben diese Wahrheit begriffen. Trotz der neuen Maske, die die Bestie trägt, haben sie sie wiedererkannt. Im Gegensatz zu manchen erinnern sie sich, wofür und wogegen unsere Vorfahren kämpften. Im Gegensatz zu manchen wurden sie nicht unsicher über richtig und falsch. Sie erinnern sich.

Die Polen haben nicht vergessen, in wessen Land die Nazis ihren Marsch begannen, wo die ersten Schüsse des Zweiten Weltkriegs fielen. Sie haben nicht vergessen, wie das Böse dich zunächst beschuldigt, dann provoziert, dich Aggressor nennt und schließlich um 4 Uhr morgens angreift und das Selbstverteidigung nennt. Sie erkennen die Wiederholung des selbst Erlebten in unserem Land. Wenn sie an das von den Nazis zerstörte Warschau denken und sehen, was in Mariupol geschehen ist, erinnern sie sich.

Die Briten haben nicht vergessen, wie die Nazis Coventry ausgelöscht haben, das einundvierzig Mal bombardiert wurde. Sie haben die sogenannte »Mondscheinsonate«* der deutschen Luftwaffe nicht vergessen, bei der die Stadt elf Stunden lang unter ständigem Luftangriff lag. Sie haben nicht vergessen, wie Coventrys historischer Stadtkern, seine Fabriken, die St.-Michaels-Kathedrale zerstört wurden. Wenn sie sehen, wie die Raketen in Charkiw einschlagen und den historischen Kern, seine Fabriken und die Verkündigungskathedrale zerstören, erinnern sie sich.

Sie haben nicht vergessen, dass London siebenundfünfzig Nächte in Folge bombardiert wurde. Wenn sie daran denken, wie V2-Raketen Belfast, Portsmouth und Liverpool trafen, und die Cruise-Missiles sehen, die Mykolajiw, Kramatorsk und Tschernihiw beschießen, wenn sie sich an die Bombardierung Birminghams erinnern und sehen, wie ihre Partnerstadt Saporischschja angegriffen wird, erinnern sie sich.

Die Franzosen haben Oradour-sur-Glane nicht vergessen, wo die SS fünfhundert Frauen und Kinder bei

---

* »Unternehmen Mondscheinsonate« war der Deckname für die Bombardierung der britischen Stadt Coventry am 14./15. November 1940 durch die deutsche Luftwaffe.

lebendigem Leib verbrannte. Sie haben die Massenhinrichtungen in Tulle nicht vergessen, das Massaker in Ascq, die Tausenden, die bei einer Widerstandskundgebung im besetzten Lille protestierten. Sie sehen, was in Butscha, Irpin, Borodjanka, Wolnowacha und Trostjanez geschehen ist. Sie sehen die Besatzung von Cherson, Melitopol, Berdjansk und anderer Städte, in denen die Menschen nicht aufgeben. Sie sehen, wie Tausende Ukrainerinnen und Ukrainer zu friedlichen Protesten gehen, bei denen die Besatzer nichts tun können, als auf Zivilisten zu schießen. Sie erinnern sich.

Die Niederländer haben nicht vergessen, wie Rotterdam unter siebenundneunzig Tonnen Nazibomben als erste Stadt völlig zerstört wurde. Sie erinnern sich. Die Tschechen haben nicht vergessen, wie die Nazis in weniger als einem Tag Lidice zerstörten und nur Asche zurückließen, wo einst ein Dorf stand. Sie haben gesehen, wie Popasna zerstört wurde und nichts als Asche zurückblieb. Sie erinnern sich. Die Griechen haben nicht vergessen, wie sie die Massaker und Hinrichtungen überlebten, die Blockade und die Große Hungersnot. Sie erinnern sich.

Die Amerikaner haben nicht vergessen, wie sie an zwei Fronten gegen das Böse kämpften. Sie erinnern sich an Pearl Harbor und den Kampf ihrer Alliierten in Dünkirchen. Gemeinsam bestehen wir neue Kämpfe, nicht weniger schwere. Sie erinnern sich.

Die Holocaust-Überlebenden haben nicht vergessen. Sie erinnern sich, wie sehr Nationen einander hassen können. Sie erinnern sich. Litauer, Letten, Esten, Dänen, Georgier, Armenier, Belgier, Norweger und unzählige andere haben nicht vergessen. Alle, die unter den Nazis in ihrem Land leiden mussten, und alle, die sie als Teil der Anti-Hitler-Koalition bekämpften. Sie erinnern sich.

Und doch gibt es welche – obwohl sie all diese Verbrechen überlebt haben, obwohl sie Millionen von Menschen verloren haben, obwohl sie gekämpft und gesiegt haben –, die ihren Sieg entehrt haben.

Der Mann, der die Bombardierung der Ukraine angeordnet hat. Der Mann, der Bomben auf Städte warf, die von seinen eigenen Vorfahren gemeinsam mit den unseren befreit wurden. Der Mann, der der eigenen Feier am Tag des Sieges ins Gesicht gespuckt hat, indem er die Folterer von Butscha ins Zentrum stellte. Der Mann, der die ganze Menschheit verhöhnte.

Doch das Wichtigste hat er vergessen. Das Böse verliert immer.

Liebe Ukrainerinnen und Ukrainer, heute gedenken wir all derer, die ihre Heimat und die Welt gegen den Nationalsozialismus verteidigt haben. Wir gedenken der Heldentat des ukrainischen Volkes und seines Beitrags zum Sieg gegen Hitler. Es erlebte Explosionen, Schüsse, Schützengräben, Verwundungen, Hungersnöte, Bombardierungen, Massenexekutionen, Strafaktionen, Besatzung, Konzentrationslager, Gaskammern, gelbe Sterne, Ghettos, Babi Jar, Chatyn, Gefangenschaft, Zwangsarbeit.

Sie starben, damit jeder von uns weiß, was diese Worte

bedeuten, aus den Geschichtsbüchern, nicht aus eigenem Erleben.

Doch nun wiederholen sich ihre Erfahrungen. Und das entehrt sie alle.

Aber eines sollt ihr wissen: Die Wahrheit wird siegen. Und wir werden alles überstehen …

Wir werden durch diesen Winter kommen, der am 24. Februar begann und bis zu diesem 8. Mai nicht endete, doch er wird bestimmt ein Ende haben – denn die ukrainische Sonne wird ihn zum Schmelzen bringen.

Wir werden die Morgendämmerung gemeinsam erleben, mit dem gesamten Land. Eines baldigen Tages werden geliebte Menschen wieder vereint sein.

Unsere Flagge wird wieder über den besetzten Städten wehen.

Unsere Nation wird wiedervereinigt sein, und es wird Frieden herrschen.

Und die Welt wird nicht länger in Schwarz und Weiß träumen. Sondern allein in Blau und Gelb. Dafür haben unsere Vorfahren gekämpft.

16

»Ein freies Volk«

Rede zum ukrainischen Unabhängigkeitstag
Kiew, 24. August 2022

Das freie Volk einer unabhängigen Ukraine.

Diese sechs Worte sagen alles. Sechs kleine Worte – aber wie viel Bedeutung haben sie heute, am Tag 182 dieses allumfassenden Krieges. Wie viele Symbole und Ideen, Triumphe und Verluste, Freude und Schmerz liegen in diesen Worten. Und wie viel Wahrheit steckt darin.

Sie fassen eine Wahrheit, die unbestreitbar ist. Wir sind das freie Volk einer unabhängigen Ukraine. Eine Wahrheit über das Jetzt: Nach sechs Monaten der Versuche, uns zu vernichten, sind wir noch immer das freie Volk einer unabhängigen Ukraine. Und es ist auch die Wahrheit über unsere Zukunft: dass wir das freie Volk einer unabhängigen Ukraine bleiben werden.

Vor sechs Monaten erklärte Russland uns den Krieg. Am 24. Februar vernahm die gesamte Ukraine Explosionen und Schüsse. Eigentlich sollte die Ukraine die guten Wünsche zum Unabhängigkeitstag am 24. August nicht mehr sprechen können. Am 24. Februar hat man uns gewarnt: »Ihr habt keine Chance.« Am 24. August können wir sagen: »Einen glücklichen Unabhängigkeitstag, Ukraine.«

In diesen sechs Monaten haben wir die Geschichte verändert, wir haben die Welt verändert, und allem voran haben wir uns verändert. Heute wissen wir, wer unsere echten Kameraden und unsere Freunde sind und wer nicht einmal eine flüchtige Bekanntschaft. Wir wissen, wer seinen Ruf gewahrt und wer sich auf die Seite der Terroristen gestellt hat. Wer uns nicht wirklich will und wer uns die Tür offen hält. Wir haben erfahren, wer wer ist.

Und die gesamte Welt hat erfahren, wer die Ukrainer sind. Was die *Ukraine* ist. Nie wieder wird jemand sagen: »Es liegt irgendwo dort drüben, bei Russland.«

Wir haben begonnen, uns selbst zu achten. Wir fingen an zu begreifen, dass andere zwar Unterstützung und Hilfe anbieten, doch kämpfen für unsere Unabhängigkeit müssen wir allein. Das einte uns.

Wir hatten noch keine HIMARS, aber wir hatten Menschen, die bereit waren, die Panzer mit bloßen Händen aufzuhalten. Unsere Verbündeten waren nicht bereit, eine Flugverbotszone zu verhängen, aber wir hatten Menschen, die bereit waren, ihre Heimat mit ihrem eigenen Leben zu schützen.

Der Mut des ukrainischen Volkes hat die ganze Welt inspiriert. Er hat der Menschheit die Hoffnung zurückgegeben, dass die Gerechtigkeit nicht völlig aus der Welt verschwunden ist.

Und es hat gezeigt, dass es nicht die Stärke ist, die gewinnt, sondern die Wahrheit. Nicht Geld, sondern Werte. Nicht Öl, sondern Menschen.

Gestern noch war die Welt gespalten. Bei der globalen Reaktion auf die Coronapandemie war jeder auf sich allein gestellt. Die Ukraine hat das innerhalb von sechs Monaten geändert. Von jetzt an haben die Geschichtsbücher ein neues Kapitel: Als die Ukraine die Welt einte. Als die Demokratie wieder wehrhaft wurde. Als die Tyrannei ihre Antwort in einer Sprache erhielt, die sie versteht.

Die Menschen behaupteten, Europa spiele keine Rolle mehr in der internationalen Politik. Europa sei schwach, gespalten, passiv, träge. Doch die Ukraine hat den gesamten Kontinent gestärkt. Heute gehen die Menschen in Europa auf die Straßen. Heute hat Europa starke Sanktionen verhängt. Heute hat Europa einstimmig beschlossen, dass die Ukraine künftiges Mitglied der EU ist.

Das Großkapital hat erkannt, dass Geld immer noch stinkt: Es kann den Gestank von Blut, Asche und Tod annehmen. Jetzt verlassen die Unternehmen massenhaft den russischen Markt. Menschen sind wichtiger geworden als entgangene Gewinne.

Nie zuvor hatte die öffentliche Meinung einen so großen Einfluss auf Politiker. Jetzt sind es die Menschen, die das Verhalten ihrer Regierungen bestimmen. Nationen schämen sich, gleichgültig, untätig oder zögerlich zu sein. Sie schämen sich, vage Versprechen zu machen oder allzu diplomatisch zu sprechen. Sie schämen sich, die Ukraine nicht zu unterstützen.

Sie schämen sich zuzugeben, dass sie der Ukraine überdrüssig sind. Überdruss wäre wahrscheinlich bequemer: Er würde der Welt erlauben, die Augen zu verschließen. Aber das ist es nicht, was wir jetzt von den Spitzenpolitikern der Welt und von den Bürgern hören. Wir hören: »Wir werden euch bis zum Ende zur Seite stehen, bis zu eurem Sieg.«

Ukrainerinnen und Ukrainer, dieser Tag war immer unser wichtigster Feiertag. Wir haben ihn lange genutzt, um derer zu gedenken, die für die Unabhängigkeit der Ukraine gekämpft haben, und um unsere blau-gelbe Flagge zu hissen. Es war lange der Moment gewesen, an dem wir unsere Hände ans Herz legten, die Nationalhymne sangen und stolz riefen: »Ruhm der Ukraine!« und: »Ruhm unseren Helden!«

Am 24. Februar mussten wir die Wahrheit dieser Worte mit Taten untermauern. An diesem Tag fand das zweite gesamtukrainische Referendum statt.* Auch da ging es um die Unabhängigkeit. Und wieder war das Ergebnis eindeutig. Doch dieses Mal musste man das »Ja« zur Unabhängigkeit nicht auf dem Stimmzettel abgeben, sondern im Herzen und im Gewissen. Diesmal gingen wir nicht in die Wahlkabine, sondern zu den Militärkommissariaten, den territorialen Verteidigungseinheiten,

---

* Das erste gesamtukrainische Referendum fand am 24. August 1991 statt und führte zur Gründung der Ukraine als unabhängigen Staat.

den Freiwilligenorganisationen, dem Aufklärungskorps – oder wir arbeiteten, wo wir schon waren, einfach nur weiter unermüdlich und beharrlich für das gemeinsame Ziel.

Wir alle haben uns verändert. Manch einer wurde wiedergeboren: als Mensch, als Bürger oder schlicht als Ukrainer. Und manche Ukrainer lösten sich in Luft auf. Vielleicht ist das gut so. Wir wollen einander nicht weiter im Weg stehen. Denn wir alle haben eine Wahl getroffen. Manche wählten Mariupol, andere Monaco.* Aber wir wissen, wer die Mehrheit ist. Wir stehen zusammen, endlich.

Eine neue Nation erhob sich am 24. Februar um 4 Uhr morgens. Nicht eine neugeborene Nation, sondern eine wiedergeborene.

Eine Nation, die nicht weint, die nicht schreit und die sich nicht fürchtet. Eine Nation, die nicht weggelaufen ist, die nicht aufgegeben, die nicht vergessen hat.

Eine Nation, deren Flagge bald überall wehen wird, wo sie hingehört. Im Donbass und auf der Krim. Der Feind glaubte, wir würden ihn mit Blumen und Champagner begrüßen. Stattdessen begrüßten wir ihn mit Molotowcocktails. Sie hatten Beifall und Jubelrufe von den Ukrainern erwartet, doch sie hörten nur die Donnerschläge von Waffen.

Die Besatzer dachten, ihre Armee würde nach wenigen Tagen im Zentrum Kiews aufmarschieren. Heute

---

* Einige besonders wohlhabende Ukrainer zogen bei Ausbruch des Krieges nach Monaco.

sehen wir ihre »Parade« auf dem Chreschtschatyk*. Feindliches Gerät taucht nur in einer Form im Zentrum von Kiew auf: verbrannt, demoliert und zerstört.

Für uns spielt es keine Rolle, was für eine Armee ihr habt, was für uns zählt, ist unser Land. Dafür werden wir kämpfen bis zum Ende.

Sechs Monate lang haben wir standgehalten. Es war schwer, doch wir haben die Fäuste geballt und um unser Leben gekämpft. Jeder neue Tag liefert neue Gründe, nicht aufzugeben. Nachdem wir so viel durchgemacht haben, haben wir kein Recht, nicht bis zum Ende standzuhalten.

Was erwirkt das Ende des Krieges? Früher hätten wir gesagt »der Frieden«. Heute sagen wir »der Sieg«.

Wir werden mit den Terroristen keine Verständigung erreichen. Sie kamen, um die russische Sprache zu »verteidigen«, doch sie töteten Tausende Menschen, die sie doch »befreien« wollten. Johnson**, der Englisch spricht, ist viel mehr nach unserem Sinn – ist uns viel näher – als die Mörder, Vergewaltiger und Plünderer, die ihre Verbrechen auf Russisch verübten.

Und wenn wir am Verhandlungstisch sitzen, so nicht aus Furcht und mit einer Waffe, die auf unseren Kopf gerichtet ist. Denn für uns ist der schrecklichste Stahl nicht

---

* Die zentrale Hauptstraße und Flaniermeile Kiews.

** Boris Johnson, Premierminister des Vereinigten Königreichs bis September 2022, war zu Besuch in Kiew, als diese Rede gehalten wurde.

der, aus dem Raketen, Flugzeuge und Panzer gemacht sind, sondern der, aus dem Fesseln geschmiedet werden. Wir leben lieber in Schützengräben als in Ketten.

Und wir werden unsere Hände nur einmal heben, nämlich zur Feier unseres Sieges. So wie die gesamte Ukraine. Wir verhandeln nicht um unser Land und unser Volk. Die Ukraine bedeutet die *gesamte* Ukraine. Alle fünfundzwanzig Regionen, ohne »Zugeständnisse« und ohne »Kompromisse«. Wir akzeptieren diese Begriffe nicht mehr; am 24. Februar haben Raketen sie zerstört.

Der Donbass gehört zur Ukraine. Und er wird zu uns zurückkehren, auf welchem Weg auch immer. Die Krim gehört zur Ukraine. Und sie wird zu uns zurückkehren, auf welchem Weg auch immer.

Russen, ihr wollt nicht, dass eure Soldaten sterben? Gebt unser Land frei. Ihr wollt nicht, dass eure Mütter weinen? Gebt unser Land frei. Das sind unsere Bedingungen, klar und einfach.

Das freie Volk einer unabhängigen Ukraine. Wir begehen diesen Tag an vielen verschiedenen Orten. Manche befinden sich in Schützengräben und Unterständen, in Panzerwagen und Schützenpanzern, zu Wasser und in der Luft und kämpfen an der Front für die Unabhängigkeit. Andere sind auf unseren Straßen unterwegs, in Autos, Lastwägen, Zügen, und kämpfen für die Unabhängigkeit, indem sie die Menschen an der Front mit dem Nötigsten versorgen. Und wieder andere sind an ihren Handys und Laptops und kämpfen für die Unabhängigkeit, indem sie Spenden sammeln – damit diejenigen, die unterwegs sind, etwas haben, das sie den Kämpfenden bringen können.

Wir erleben diesen Tag unter verschiedenen Bedingungen und Umständen, ja sogar in verschiedenen Zeitzonen, doch alle mit dem einen Ziel: die Bewahrung unserer Unabhängigkeit und der Sieg der Ukraine.

Wir sind geeint. Einen glücklichen Unabhängigkeitstag! Ruhm der Ukraine!

Quellen für zitierte Literatur

Erich Maria Remarque, *Im Westen nichts Neues*. Köln: Verlag Kiepenheuer & Witsch 2014.

Ernest Hemingway, *In einem anderen Land*. Übersetzt von Werner Schmitz. Hamburg: Rowohlt Verlag 2018.

Erinnerung als Gegenwart. Elie Wiesel in Loccum. Evangelische Akademie Loccum, 1987.